JN026967

銀行・証券・保険の基礎知識

安田 嘉明　　北島 孝博　　林 裕

BANK/SECURITIES/INSURANCE

税務経理協会

はじめに

　大学に入学して，銀行，証券，保険などの事を学ぶ時，「馴染みがない」，「難しい」と感じる人が多いようです。それまで，銀行や郵便局には行ったことはあるが，証券会社や保険会社などとなるとほとんど行ったことがないという人が大部分ではないでしょうか。本書は，主としてそのような皆さんを対象に，金融の入門として，銀行，証券，保険の各分野についてできるだけわかりやすく，金融の分野について学ぼうとしている人たちが「～とは何だろう」，「～とはどういうことだろう」と思っているに違いないことに留意して解説しています。

　例えば，銀行については，最近大きな変化が起きています。そうした変化に関する話題・情報が，詳細かつ大量にメディアを通じて提供されています。そうした情報過多ともいうべき状況がかえってわかりにくくし，正しい理解を阻害している面も否めません。そこで，「わかりやすさ」に重点を置いて，銀行に関するさまざまな問題・変化に対する理解が進むように解説を進めていきます。

　また，証券については，銀行や保険と比べてもより馴染みが薄いと思われているかもしれません。しかし，証券について学んだ後では，株価のニュースが日々伝えられていたり，街中を歩くと株式会社がついた会社名があったりと，意外と身近にあふれていることに気づきます。そのため，証券に対する理解の第一歩として，金融における証券とは何かというイメージを持ってもらうことに力点を置いて解説をしていきます。

　保険については，最も優れたリスク処理手段と言われていますが，そ

の内容についてはあまり知られていないようです。運転免許を取得したら自動車保険，マイホームを建てたら火災保険・地震保険，就職・結婚の際には生命保険・医療保険といったように，これから先の人生の折々で保険との関わりが出てきます。将来，保険を利用する時に役立つよう，保険のしくみをわかりやすく解説しています。

　本書は，銀行，証券，保険の基礎知識を整理したものです。それぞれの業務の仕組み，違いを知る上で必要な基礎知識を身につけることができ，将来，金融機関で働きたいと考えている人にとっても，また，金融の知識を生活や仕事に役立てようと考える人にとっても，本書は役立つものと考えます。

　最後に，本書の出版にあたって，多大のサポートをしていただいた税務経理協会の峯村英治氏に，お礼申し上げます。

　　2020 年 4 月

著者一同

目　　次

はじめに

第9章　保 険 商 品

第**1**章

金融の仕組み

❶　金融機関の種類と役割

　わが国の金融機関は，中央銀行，民間金融機関，公的金融機関の三つに大別される。中央銀行である日本銀行は，「発券銀行」，「政府の銀行」という機能に加え「銀行の銀行」という機能を持っている。これは日本銀行が民間銀行など金融機関から当座預金（出し入れが自由な無利子の預金）を預かっていることを指す。各金融機関はお互いのお金のやり取りの集中的な決済をこの預金を使って行っており，また，現金が必要な場合にこの預金を取り崩して日本銀行から現金を受け取っている。日本銀行はこれら3つの機能を通じてさまざまな金融政策を行っている。

　民間金融機関は，預金業務の取り扱いの可否により銀行等の「預金取扱金融機関」と証券会社，保険会社等の「その他の金融機関」に分けられる（図表1－1参照）。

　預金取扱金融機関は，都市銀行や地方銀行等の「普通銀行」，信託銀行等の「長期金融機関」，信用金庫・信用組合が含まれる「協同組織金融機関」および「協同組織金融機関の中央機関」に分類される。

　普通銀行のうち都市銀行と地方銀行（以下，地銀）は，ともに「銀行法」に基づく金融機関であり法律上の区別はないが，都市銀行が，東京，大阪等の大都市に本店を持ち全国的な規模で支店網をはり巡らしている一方，地方銀行は，都道府県単位で営業基盤を持ち，県庁所在地にある本店を中心として地域に支店網を巡らしている点が大きく異なる。

　第二地方銀行協会加盟地方銀行（以下，第二地銀）は，相互銀行から普通銀行に転換した銀行で，業務内容面で都市銀行や地方銀行との差異はなく，地方銀行と同じく地域に営業基盤を持つ銀行である。

図表1−1　金融機関の種類

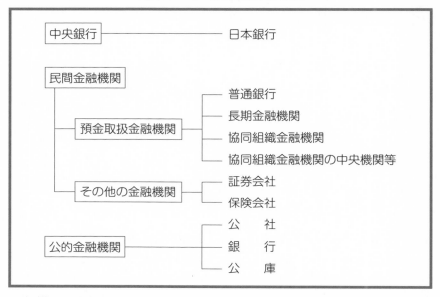

出所）　日本銀行金融研究所『新版　わが国の金融制度』より作成。

　地銀や第二地銀と同様に地域経済社会にとって身近な存在である信用金庫や信用組合は，協同組織金融機関とよばれている。協同組織とは会員や組合員がいて，お互いに助け合うことを基本的な目的とした組織のことである。また，協同組織金融機関の中央機関として，信用金庫の中央機関である信金中央金庫や信用組合の中央機関である全国信用協同組合連合会がある。

　長期金融機関に分類される信託銀行は「金融機関の信託業務の兼営等に関する法律」による認可を受けた銀行である。信託とは財産の管理運用という意味である。信託銀行の機能には，貸付信託や金銭信託のように，貯蓄性資金を受け入れて貸出を中心に運用する「金融機能」と，土地信託や年金信託のように財産の管理・運用を行う「財産管理機能」が

図表1－2　預金取扱金融機関の種類

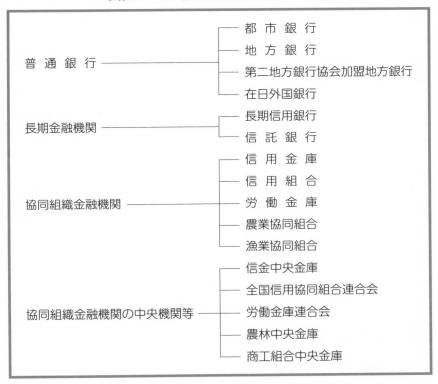

都市銀行
地方銀行
第二地方銀行協会加盟地方銀行
普通銀行
在日外国銀行

長期信用銀行
長期金融機関
信託銀行

信用金庫
信用組合
協同組織金融機関
労働金庫
農業協同組合
漁業協同組合

信金中央金庫
全国信用協同組合連合会
協同組織金融機関の中央機関等
労働金庫連合会
農林中央金庫
商工組合中央金庫

出所)　日本銀行金融研究所『新版　わが国の金融制度』より作成。

ある。なお，信託銀行以外にも信託業務の一部を兼営する都市銀行，地方銀行がある。

　なお，長期金融機関のうち長期信用銀行に該当する銀行は現在なく，また，公的金融機関では郵政民営化など再編・民営化が加速した（図表1－2参照）。

　わが国の伝統的な金融制度の特色は，「分業主義」であった。すなわち「長短金融の分離」「銀行・信託の分離」「銀行・証券の分離」である。

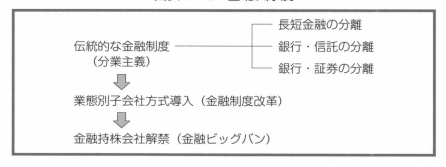

図表1－3　金融制度

伝統的な金融制度
（分業主義）
　　　　┬── 長短金融の分離
　　　　├── 銀行・信託の分離
　　　　└── 銀行・証券の分離

↓

業態別子会社方式導入（金融制度改革）

↓

金融持株会社解禁（金融ビッグバン）

　現在，金融自由化，その中でも制度の自由化の進展により，分業から相互参入へと大きく流れが変わってきている。当初は「業態別子会社方式」により相互の業務参入が図られ，その後，金融システム改革（金融ビッグバン）により金融持株会社が解禁されることにより，業態間の垣根が急速に低くなってきている（図表1－3参照）。

2　銀行の基本的機能と経営理念

(1)　銀行の基本的機能

　銀行の基本的機能として「貯蓄手段提供機能」「資金の供給機能」「信用創造機能」「資金決済機能」の4つがある。銀行が証券会社や保険会社と大きく異なる点は「貯蓄手段提供機能」を持つこと，すなわち預金業務を取り扱えることである。銀行は，「貯蓄手段提供機能」と貸出金等による「資金の供給機能」を組み合わせることにより「資金仲介機能」を果たしている。金融とは「お金を融通すること」「資金の過不足を補い合うこと」であるが，銀行は資金仲介機能を通して金融に大きな役割を果たしている。

図表1－4　銀行の4つの基本的機能

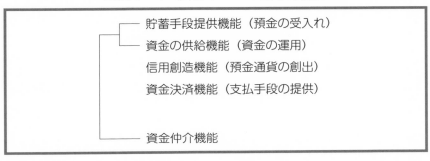

　銀行は，預金で受け入れた資金を，貸出に向けるが，その一部は再び預金として受け入れられ，さらに別の貸出に向けられる。これを「信用創造機能」とよび，貯蓄手段提供機能と資金の供給機能を併せて持つ銀行に固有の機能である。

　預金のうち，いつでも支払い可能なものを要求払預金とよび，当座預金や普通預金がある。これらの預金は手形・小切手・口座振替等のさまざまな資金の決済に使われており，この機能を「資金決済機能」とよんでいる（図表1－4参照）。

(2)　銀行の経営理念

　銀行の経営理念として「公共性」「健全性」「収益性」があげられる。「公共性」は銀行の経済的・社会的役割，社会的責任の大きさから一般の企業以上に強く求められるものである。「健全性」は，運用資金の元利の確実な回収を行う「確実性」と，預金の払い戻しに対する支払い準備として資産の流動性を保つ「流動性」に分けられる。信用秩序維持や預金者保護の面から銀行に対しては経営の健全性が強く求められている。

図表１－５　銀行の３つの経営理念

```
公　共　性
健　全　性 ┬─ 確　実　性
　　　　　 └─ 流　動　性
収　益　性
```

「収益性」は全ての企業に共通の経営理念であり，銀行にとっても同様である。ただ，時として過度の収益追求が公共性や健全性を損ねる可能性もあり，銀行経営においてこの３つの経営理念の調和ある実現・維持が不可欠である。こうした経営理念の下，基本的機能を十分に発揮していくことにより，銀行に求められる経済的・社会的ニーズに応えていくことが銀行の社会的責任である（図表１－５参照）。

③　金融市場の仕組み

(1)　金融市場の種類

「金融」とは資金の過不足を補い合うことすなわち資金の融通であり，「金融市場」は貸し手と借り手が結びつく場，または取引の総称と捉えることができる。その点から，広い意味では預金，貸出金も金融市場に含まれるが，一般的には金融市場は，不特定多数の取引者による競争を通じて価格やその他の取引条件が決定される取引の場を指すものである。

　わが国の金融市場は，期間１年未満の短期金融市場と期間１年以上の長期金融市場に大別できる。短期金融市場はさらに，金融機関のみが参加し，金融機関相互の資金の調達・運用が行われる「インターバンク市場」と，一般事業法人等も自由に参加できる「オープン市場」に分けられる。また，長期金融市場は証券発行者が長期資金の調達をする場であ

図表1−6　わが国の金融市場

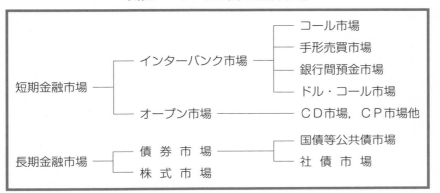

出所）　全国銀行協会金融調査部編『図説　わが国の銀行』財経詳報社，
　　　　p55，図「日本の金融市場」をもとに作成。

り，「債券市場」と「株式市場」がある（図表1−6参照）。その他の金
融市場として，先物，オプション，スワップ取引等の市場がある。これ
らの取引は，貸借対照表に計上されないことからオフバランス取引とよ
ばれている。また，金利，為替，株式，債券といった本来の金融商品か
ら派生した取引ということでデリバティブ取引ともよばれる。

(2)　短期金融市場

　インターバンク市場には，コール市場，手形売買市場，銀行間預金市
場等がある。コール市場や手形売買市場は銀行等の金融機関が短期に資
金を運用・調達する手段として重要な地位を占めていたが，手形売買市
場における印紙税負担の問題や，金融緩和措置の影響もあり，その規模
は縮小傾向にある。
　オープン市場には，CD（譲渡性預金），CP（コマーシャルペーパー），

TB（短期国債），FB（政府短期証券）等の多様な市場があり，市場の整備も進んだことから，インターバンク市場に代わって短期金融市場において重要な地位を占めるようになってきている。

(3) 日銀の金融調節

「預け金」は資金の運用でありB／S上は資産となる。このうち「日本銀行預け金」は，「支払準備預金制度」，「為替決済制度」等に基づく，民間銀行の日本銀行当座預金への預け入れを処理する科目である。一方，「借用金」は資金の調達でありB／S上は負債となる。このうち「日本銀行借入金」は民間銀行の日本銀行からの借入を処理する科目である。これらは，日本銀行の金融政策に深く関わってきた。

従来の，日本銀行の金融調節においては，「支払準備預金制度」を通じた「日本銀行借入金」とインターバンク市場における手形オペが重要な役割を果たしてきた。すなわち，「日本銀行借入金」の金利である「公定歩合」の変更が政策金利として金融政策の基本的手段の一つとなっていた。金融自由化の進展により預貯金金利と公定歩合との制度的連動性がなくなったことなどを背景に，日本銀行は公定歩合を適用した日銀貸出を金融調節の手段としないことを表明し，現在の日本銀行の政策金利は，無担保コール翌日物（オーバーナイト物）となっている。

一方，日銀の金融調節の対象は，従来のインターバンク市場からオープン市場へと変化しており，さらに最近の超低金利傾向を背景に，調整目標も「金利ターゲット方式」から日銀当座預金残高の目標設定へ，さらに「マイナス金利政策」へと変化する場合も出てきている。

4　金利自由化

　金融自由化とは一般的には「制度の自由化」と「金利の自由化」を指す。また，金利の自由化とは一般的には預金部門の金利自由化を指す。1947 年制定された「臨時金利調整法」対象外の預金が増加する形で金利の自由化は進行した。

　国外からの「円安是正」要求と国内の「運用ニーズの多様化」を背景に金利自由化機運が高まり，1984 年に金利自由化スケジュールが発表された。ただ，預金金利自由化を急速に進めた場合の預金者側の混乱や中小金融機関へ対する影響が考慮され，自由化は自由金利預金の小口化，預入期間の拡大という形で段階的に進められた。1985 年に大口定期預金（10 億円以上）の金利が自由化され，1993 年には定期性預金金利の完全自由化が行われた。流動性預金金利の完全自由化は，預金金利自由化の総仕上げとして 1994 年 6 月に実施された。ただし，当座預金の金利は，臨時金利調整法に基づく告示により無利息と定められており，現在唯一の規制金利預金として残っている（図表 1 - 7，図表 1 - 8 参照）。

図表1－7　金利自由化の流れ

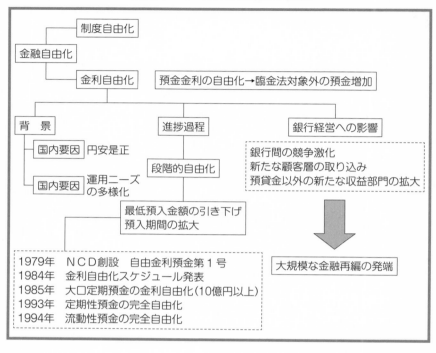

金融自由化
- 制度自由化
- 金利自由化 → 預金金利の自由化→臨金法対象外の預金増加

背景
- 国内要因　円安是正
- 国内要因　運用ニーズの多様化

進捗過程
- 段階的自由化
- 最低預入金額の引き下げ　預入期間の拡大

銀行経営への影響
- 銀行間の競争激化
- 新たな顧客層の取り込み
- 預貸金以外の新たな収益部門の拡大

1979年　ＮＣＤ創設　自由金利預金第１号
1984年　金利自由化スケジュール発表
1985年　大口定期預金の金利自由化(10億円以上)
1993年　定期性預金の完全自由化
1994年　流動性預金の完全自由化

大規模な金融再編の発端

図表1－8　預金金利自由化の進展

年度	記　　　　事
1979	NCD（譲渡性預金）創設
1980	中期国債ファンド発売
1981	期日指定定期預金発売
1983	国債定期口座発売（銀行，公社債の窓口販売開始）　金投資口座開始
1984	大蔵省，金利自由化スケジュール発表
1985	MMC（市場金利連動型預金）創設 大口定期預金金利自由化（最低預入限度額10億円以上）
1986	大口定期預金の最低預入金額の引き下げ（10億円→5億円→3億円） MMCの最低預入金額の引き下げ（5千万円→3千万円） MMCの預入期間上限の延長（6ヶ月→1年）
1987	大口定期預金の最低預入金額の引き下げ（3億円→1億円） MMCの最低預入金額の引き下げ（3千万円→2千万円→1千万円） MMCの預入期間上限の延長（1年→2年）
1988	大口定期預金の最低預入金額の引き下げ（1億円→5千万円→3千万円）　日本銀行，短期金融市場運営に新方式を導入
1989	短期プライムレート決定方式の改訂　大口定期預金の最低預入金額の引き下げ（3千万円→2千万円→1千万円） MMC廃止，小口MMCの発売（3百万円以上）
1990	小口MMCの最低預入金額引き下げ（3百万円→1百万円） 小口MMCが中口MMC（3百万円以上）と新小口MMC（100百万円以上300万円未満）に分かれる
1991	新小口MMCの最低預入金額の引き下げ（1百万円→50万円） スーパー定期（3百万円以上）の発売（中口MMCの廃止）
1992	新小口MMCの最低預入金額なし（1円以上） 新型貯蓄預金の導入（20万円型，40万円型）
1993	スーパー定期最低預入金額なし（1円以上）新小口MMC廃止 期日指定定期預金，定額貯金自由金利へ　変動金利型預金創設 中長期預金（固定金利型，預入期間最長4年）の創設
1994	流動性預金の自由化

出所）日本銀行『経済統計月報』。

5 金融ビッグバン

　金融自由化のもう一つ側面である「制度の自由化」は，わが国金融制度の特色であった「分業主義」にも阻まれ遅々として進まなかった。こうした傾向に風穴を開けたのが，1993年4月施行の「金融制度改革法」で認められた「業態別子会社方式」である。

　制度の自由化の見地から「金融制度改革法」によって銀行，証券，信託銀行が子会社を設けて，相互に業務に参入できる方式（業態別子会社方式）が認められた。しかし，設立にあたっての，規制の多さや，参入コストの大きさから業態別子会社を設立する金融機関は，大手金融機関を中心に一部に限られ，制度の自由化への効果は限定的なものとなった。

　本格的な制度の自由化をもたらしたのが，1996年に当時の橋本首相が行った金融ビッグバン宣言がその発端となった「金融システム改革（金融ビッグバン）」である。その内容は多岐にわたるが，本格的で大規模な金融再編をもたらした「金融持株会社制度」の導入，改革のフロントランナーと位置づけられる「改正外為法の施行」，長短垣根の実質的崩壊をもたらした「普通銀行による社債発行の解禁」が主なものとしてあげられる（図表1－9参照）。

図表1－9　制度の自由化の流れ

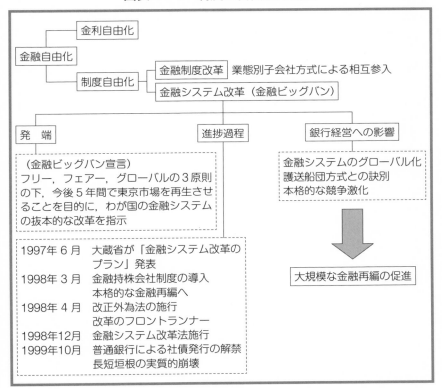

<参考文献>

鈴木淑夫・岡部光明編『実践ゼミナール　日本の金融』東洋経済新報社，
　　1996年。

小山嘉昭著『詳解銀行法』（社）金融財政事情研究会，2004年。

全国銀行協会企画部金融調査室編『図説わが国の銀行　10訂版』財経詳報社，
　　2017年。

鹿野嘉昭著『日本の金融制度』東洋経済新報社，2001年。

安田嘉明著『金融リスクと金融機関経営』税務経理協会，1994年。

安田嘉明・貞松茂・林裕【共著】『金融入門　銀行・証券・保険の基礎知識』

〔改訂版〕税務経理協会，2016年。

金融辞典編集委員会編『大月金融辞典』大月書店，2002年。

財務省『財務省財務局六十年史』，2009年。

『ニッキン資料年報（2003年版）』日本金融通信社，2002年。

第2章

銀行の資産・負債，
利益構造

1 銀行の貸借対照表，損益計算書

金融自由化，ペイオフ，不良債権問題，自己資本比率規制等，金融の諸問題は多様化し複雑化している。これらの問題の相互の関係，また相互に及ぼし合う影響について理解し把握するためには，銀行の貸借対照表（以下，B／S），損益計算書（以下，P／L）が重要なツールである。

(1) 銀行のB／Sの特徴

銀行の業務は，製造業のように原材料を仕入れ製品をつくるのではなく，預金や市場から資金を調達し，獲得した資金を貸出金や有価証券投資で運用するという「資金取引」が中心となっている。銀行のB／Sを一般事業会社と比べると，表示形式や勘定科目が大きく異なる。例えば，銀行のB／Sでは資産と負債に流動および固定の区分がないこと。繰延資産の一括区分表示がないことがあげられる（図表2－1，図表2－2参照）。

図表2－1　資金取引

B／S	資金取引	取引の種類
資　産	運　用	貸出金　有価証券等
負　債	調　達	預　金　等

図表2-2　銀行のB／S

（資　産）	（負　債）
貸　出　金	預　　　金
………………	ＮＣＤ
コールローン	コールマネー
買　入　手　形	売　渡　手　形
	………………
有　価　証　券	………………
債　　　券	………………
株　　　式	
………………	
	（純資産）
貸倒引当金	………………

(2)　銀行のP／Lの特徴

　銀行の経常損益には，一般事業会社のような営業損益の部と営業外損益の部の区分はないが，現行様式では，「資金」，「役務」，「その他業務」，「営業経費」および「その他経常」の5区分表示とされ，さらに特定取引設置銀行においては，特定取引についても区分表示することとされている。銀行のP／Lは資金取引が主なため収益，費用が対応関係にあるものが多い（図表2-3参照）。

図表2-3　銀行のP／L

(3)　銀行のB／S，P／Lと資金取引

　銀行の資金調達で最も大きな比重を占めるのが預金である。また，資金運用の中心が貸出金である。これを銀行のB／Sで見てみると，預金は負債に，貸出金は資産にそれぞれ計上される。預金に対しては預金利息が銀行から預金者に支払われ，貸出金に対しては貸出金利息が借り主から銀行に支払われる。貸出金利息と預金利息の差は銀行にとって最も大きな収益源となっている。これを銀行のP／L上で見てみると預金利息は費用に，貸出金利息は収益に計上される。また，貸出金利息と預金利息の差は経常損益のうち資金運用収支の大部分を占める。このように基本的には預金と貸出金を組み合わせた預貸金業務が銀行業務の中心となっている（図表2-4参照）。

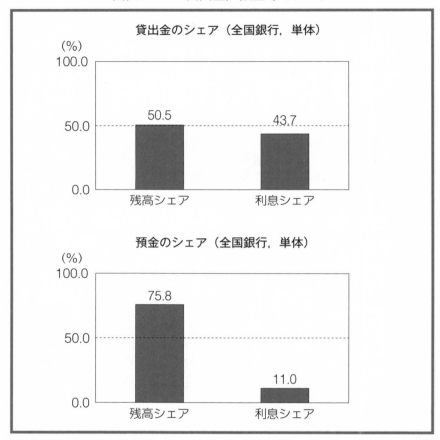

図表2-4　貸出金，預金等のシェア

貸出金のシェア（全国銀行，単体）

預金のシェア（全国銀行，単体）

注）　2018年度，全国銀行総合財務諸表，単体ベース
　　　残高シェアは，それぞれ総資産，総負債に占めるシェア
　　　利息シェアは，それぞれ経常収益，経常費用に占めるシェア
出所）　全国銀行協会。

　預金と貸出金の残高は日々変動し，預金と貸出金の比率は営業基盤の
相違により大きく異なる。そのため，預貸金による運用・調達を補完し，
日々の資金尻の調整や，流動性を確保するため短期金融市場を通した資

金取引が行われている。短期金融市場での取引は銀行にとって資金の調達，運用であり，預金，貸出金等とならんで資金取引の一部を構成するものである。

　短期金融市場での取引は銀行のB／S上では次のようにあらわされる（図表2－5参照）。例えば，インターバンク市場のコール市場では，コールマネーは資金の調達であり，コールローンは資金の運用である。同様に手形売買市場における売渡手形は資金の調達であり，買入手形は資金の運用である。B／S上はコールマネー，売渡手形は負債に，コールローン，買入手形は資産に計上される。銀行はオープン市場のNCD市場でも大量の資金の調達を行っており，B／S上は預金とならんで負債に計上される。銀行は実務上，NCDを預金と併せて総資金として管理している。

図表2－5　短期金融市場と銀行のB／S

（資　産）	（負　債）		
貸　出　金	預　　　金		
………………	NCD ………………	オープン市場	
コールローン	コールマネー … コール市場	（open）	
（call loan）	（call money）	インターバンク市場	
買　入　手　形	売　渡　手　形 … 手形売買市場	（interbank）	
……………	………………		
有　価　証　券			
債　　　券 ……………… 公社債市場			
株　　　式 ……………… 株式市場		短期金融市場	
………………			
貸倒引当金	（純資産）		

2 預 金

(1) 預金の種類

　預金には「当座預金」「普通預金」「貯蓄預金」「通知預金」「定期預金」「定期積金」「その他の預金」がある（図表2-6参照）。

図表2-6　預　　金

B／S	資金取引	取引の種類
負　　債	調　　達	① 当座預金 ② 普通預金 ③ 貯蓄預金 ④ 通知預金 ⑤ 定期預金 ⑥ 定期積金 ⑦ その他の預金

① 当 座 預 金

　当座勘定取引約定書に基づき受け入れられる要求払預金であり，小切手等による支払事務委託契約が伴っているものである。現在，唯一の規制金利預金である。

② 普 通 預 金

　当座預金と同様，要求払預金である。個人向けには定期預金を担保とする貸越契約が付随する「総合口座」が一般的である。公共料金やクレジットカードの代金の支払い，また給与や年金の受け取り口座として活用されている。現金等の預け入れや引き出しを含め，総合口座のさまざまな取引はCD・ATMやインターネットバンキングの利用が増加して

いる。

③　貯 蓄 預 金

流動性預金金利自由化の第一段階として 1992 年 6 月に個人預金者の
みを対象として取り扱いが開始された預金である。主に個人の貯蓄ニー
ズに応えることを目的として，預金残高に応じて段階的に金利を適用す
ることに特徴がある。

④　通 知 預 金

払い戻す場合には，2 日以前に通知，すなわち予告することを要し，
預け入れしてから 7 日間据え置くことが必要である。

⑤　定 期 預 金

預入期間が満了するまでは原則として払い戻しのできない預金である。
預入期間制限，金利が段階的に自由化された。現在，銀行で取り扱って
いる主な定期預金には「自由金利型定期預金（大口定期）」，「スーパー定
期」，「変動金利定期預金」の 3 種類がある。

⑥　定 期 積 金

定期積金は一般に月掛貯金とよばれるもので，定期積金契約により，
一定の期間にわたり毎月一定の期日に積金を受け入れ，契約満期時に一
定額を給付するものである。

⑦　その他の預金

別段預金，納税準備預金，非居住者円預金（非居住者からオフショア勘
定を含む国内店勘定で受け入れた円預金を指す），外貨預金が含まれる。

(2)　単利と複利

利息の計算方法には単利と複利がある。このうち複利とは，元金に利

息を加えたもの（元利金）を新たな元金として利息計算する方法である。利息計算期間により半年複利や1年複利がある。半年複利の代表的な金融商品が郵便局の定額貯金（最長預入期間10年）である。銀行の定期預金の代表的商品である期日指定定期預金（最長預入期間3年）は1年複利である。

　同じ金利でも単利より複利の方が受取利息が多くなる。そこで実際に付いた利息の元本に対する割合である「利回り」が金融商品の収益性の比較に用いられることが多い（図表2-7参照）。

図表2-7　利　回　り

$$利回り = \frac{利息額}{元本 \times 期間} \times 100$$

3 　貸　出　金

(1)　貸出金の種類

　貸出金には「割引手形」「手形貸付」「証書貸付」「当座貸越」がある。その概要は次のとおりである（図表2-8参照）。

図表2-8　貸　出　金

B／S	資金取引	取引の種類
資　　産	運　用	① 割引手形 ② 手形貸付 ③ 証書貸付 ④ 当座貸越

①　割引手形

商取引により振り出され，銀行の顧客企業が取得した期日未到来の約束手形を，銀行が手形期日前に割引形式で買い取ることにより融資する方法である。

②　手形貸付

貸付先から借用書にかえて銀行を受取人とした約束手形の差し入れを受け，資金の貸出を行うものである。

③　証書貸付

銀行が取引先の顧客から借用証書の差し入れを受け，資金の貸付を行うものである。手形貸付より長期の貸出に利用されることが多い。

④　当座貸越

当座取引先と当座貸越契約を締結の上，一定限度まで当座預金残高を超過して，小切手の振出しを認めることによる貸出の一種である。

(2)　貸出金利決定の仕組み

貸出金は貸出期間によって期間1年未満の短期貸出金と1年以上の長期貸出金に分けられる。短期貸出金の金利は短期プライムレートが基準（下限）となっている。以前は，短期プライムレートは事実上公定歩合に連動していたが，現在は各銀行ごとに調達コスト，経費率等を総合的に判断して決定されるようになっている。

長期プライムレートは長期貸出金の基準（下限）となっている。長期信用銀行が発行する5年物利付金融債のクーポンレートに0.9%を上乗せした長期プライムレートが主流であったが，現在は短期プライムレートに期間別スプレッドを上乗せした新長期プライムレートが多く用いら

図表2−9　プライムレート

[短期プライムレート]
　短期貸出金の基準（下限）金利
（決定方法）

　　以前は公定歩合に事実上連動

　　　　　　　　　⇩

　　現在は，各銀行毎に調達コスト，経費率等を総合的に判断して決定

[長期プライムレート]
　長期貸出金の基準（下限）金利
（決定方法）

　　5年物利付金融債のクーポンレートの0.9%高

　　　　　　　　　⇩

　　新長プラ（短期プライムレートに期間別スプレッド上乗せ）等

れるようになっている（図表2−9参照）。

(3)　貸出金の返済方法

　貸出金の返済は元金部分と利息部分からなる。短期の貸出（手形貸付等）では利息前取りで元金は期日に一括して返済される場合が多い。一方，長期の貸出では分割して返済される場合が多い。

　その場合，毎回の元金の支払額を均等にしたものが「元金均等償還方式」であり，元金と利息の支払額の合計を一定にしたものが，「元利均等償還方式」である。元利均等償還方式の方が元金均等償還方式より利息支払総額が大きいが初期の返済負担が少ないメリットがある（図表2−10参照）。

図表2－10　元金均等返済と元利均等返済

	毎回返済額	利息総支払額
a．元金均等返済	徐々に減少	b＞a
b．元利均等返済	一定	

4　有 価 証 券

　銀行では，貸出金とならんで債券や株式などの「有価証券」でも資金運用しており，それぞれ公社債市場と株式市場と対応している。

　債券や株式は価額が変動するため，その評価が銀行決算に大きな影響を与える。有価証券の期末（決算）評価については「金融商品会計」が適用される。すなわち，有価証券は保有目的に応じて評価されるが，その大半を占める「その他有価証券」は時価で評価される。通常の株式はその他有価証券に分類されることから時価評価となる。時価評価の結果生じる評価差額は，B／Sの純資産の部に計上されるが，その際「税効果会計」が適用される。すなわち，株式等の「その他有価証券」の評価差額は原則として課税所得に含まれないことから，評価差額に係る税効果額を繰延税金資産（評価差損の場合）または繰延税金負債（評価差益の場合）とした残額が純資産の部中の評価差額金として計上される。

　一方，有価証券の価額が著しく下落し，かつ回復の可能性が認められない場合には「減損処理」が適用され，損失分はP／Lで処理される。減損処理は，上記のB／Sへの評価損益の計上と違い，半永久的な処理となる。

＜参考文献＞

全国銀行協会企画部金融調査室編『図説わが国の銀行　10訂版』財経詳報社，
　　2017年。

銀行経理問題研究会編『銀行経理の実務　第8版』（社）金融財政事情研究会，
　　2012年。

銀行経理問題研究会編『銀行経理の実務　第9版』（社）金融財政事情研究会，
　　2016年。

第**3**章

銀 行 経 営

1 ペイオフ

(1) 預金保険制度

「預金保険制度」は，金融機関が預金等の払い戻しができなくなった場合などに，預金者を保護し，また資金決済の確保を図ることによって，信用秩序を維持することを目的とした制度である。預金保険制度は「預金保険法」により定められており，政府・日本銀行・民間金融機関の出資により設立された「預金保険機構」が中心となって制度が運営されている。（図表3－1参照）預金保険機構の業務内容は，金融システムの安定化を図るため大幅に拡充されてきた。制度の対象となる金融機関と預金等は次のとおりである（図表3－2，図表3－3参照）。

図表3－1　預金保険制度

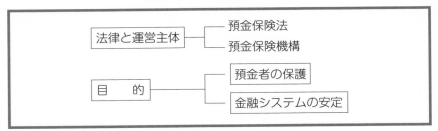

図表3－2　預金保険機構の業務

① 預金者保護等のセーフティネットとしての預金保険制度の運用業務
② 金融整理管財人等としての破綻金融機関の管理・処分等の業務
③ 整理回収機構（RCC）に委託等した不良債権の整理・回収等の業務
④ 健全金融機関等を対象とした資本増強の業務
⑤ 旧経営者等に対する責任追及業務

出所）　預金保険機構『預金保険制度の解説』2005年4月より作成。

図表3－3　対象金融機関と対象預金等

（対象金融機関）

銀行法に規定する銀行，長期信用銀行法に規定する長期信用銀行，信用金庫，信用組合，労働金庫，信金中央金庫，全国信用協同組合連合会，労働金庫連合会

（対象となる預金等）

預金，定期積金，掛金，元本補てん契約のある金銭信託（貸付信託を含む），金融債（保護預かり専用商品に限る）及びこれらの預金等を用いた積立・財形貯蓄商品，確定拠出年金の積立金の運用に係る預金等

出所）　預金保険機構『預金保険制度の解説』2005年4月より作成。

(2)　ペイオフの概要

　ペイオフ（payoff）とは，もともと清算するという意味である。広い意味では，銀行が破綻した時の清算業務全体を指すが，一般的には，預金保険機構が破綻した銀行に代わって預金者に一定額の預金の払い戻し（保険金の支払い）をすることを指す。

　ペイオフは金融システムが不安定さを増すなか，一時凍結され全額保護となっていた。これは金融システムの安定を目的としたセーフティネット強化のため実施されたものであるが，一方では，モラルハザードの問題も浮上してきたことから，2005年4月からペイオフが解禁された（図表3－4参照）。

　現在は，預金保険の対象となる預金等のうち，無利息等一定の条件を満たした「決済用預金」は元本全額を保護し，決済用預金以外の預金は合算して元本1,000万円とその利息が保護対象となる。決済用預金以外

図表3－4　預金保険制度の創設からペイオフ凍結・解禁まで

年　　月	内　　　　　容
1971年4月 　　　7月	預金保険法の制定 預金保険機構の設立　預金の払い戻し上限100万円
1974年改正	預金の払い戻し金が上限300万円に引き上げ
1986年改正	預金の払い戻し金が上限1,000万円に引き上げ
1996年改正	2000年度までペイオフ凍結（全額保護）
〜	以後，度重なる解禁の延期
2005年4月	ペイオフの解禁

の預金うち1,000万円を超える部分や，保護対象外の預金等については，一部カットされる可能性はあるものの，破綻金融機関の財産状況に応じて支払われる。ただし，過去において銀行等が破綻した時，実際にペイオフが実施されたことは，ほとんどなく，預金保険機構による（救済金融機関に対する）資金援助が優先されている（図表3－5，図表3－6参照）。

図表3－5　預金等の保護範囲（2005年4月以降）

預　　金　　等		範　　　　　囲
預金保険の 対象預金等	決済用預金	全額保護　元本全額を保護（恒久措置）
	決済用預金 以外	合算して元本1,000万円までとその利息等を保護 1,000万円を超える部分は破綻金融機関の財産の 状況に応じて支払い（一部カットの可能性）
対　象　外 預　金　等	外貨預金 譲渡性預金 ヒット等	保護対象外　破綻金融機関の財産の状況に応じて 支払い（一部カットの可能性）

出所）預金保険機構「預金保険制度の解説」2005年4月より作成。

図表3－6　決済用預金

要　　　件	該当する預金
① 決済サービスを提供できること ② 無利息 ③ 要求払い	当座預金 無利息の普通預金 別段預金の一部

出所）　預金保険機構『預金保険制度の解説』2005年4月より作成。

2 不良債権問題

　銀行等の破綻の最も大きな原因の一つが「不良債権問題」である。この問題をどう解決していくかが，経済社会にとっても，また，銀行経営にとっても喫緊の課題となっている。

(1) 不良債権の開示

　不良債権の基準として，貸出金のみを対象とした「リスク管理債権」や貸出金のほか支払承諾等も対象とした「金融再生法開示債権」，「自己査定」がある。

　「リスク管理債権」は銀行法により「金融再生法開示債権」は金融再生法によりそれぞれ開示が義務づけられている。一方，銀行は資産実態を正確に把握するため半年に一度，自己査定を実施している。この「自己査定」には開示義務はなく，自主的な開示にとどまっている（図表3－7参照）。

図表3－7　不良債権の開示

	リスク管理債権	金融再生法開示債権	自己査定
対　象	貸　出　金	貸出金のほか支払承諾なども対象	貸出金のほか支払承諾なども対象
開　示	銀行法に基づく	金融再生法に基づく	自主的な開示
	開示義務あり		開示義務なし

(2)　不良債権処理

　不良債権の処理方法には，貸倒引当金を積むことによる「間接償却」と，その債権をB／Sから消去（オフバランス）する最終処理がある。さらに最終処理には「法的整理」「私的整理」「債権売却」がある（図表3－8参照）。

図表3－8　不良債権処理

			B／Sへの影響	P／Lへの影響
①	間接償却	貸倒引当金を積む	対象債権はB／Sに残る	処理のための費用発生，処理後も収益に影響を与える可能性あり
②	最終処理	法的整理（直接償却）私的整理債権売却	対象債権はB／Sから消去	処理のための費用発生，処理後は収益に影響を与える可能性なし

①　間　接　償　却

　間接償却とは，貸出金などをB／Sに資産として残したまま，担保や保証などで保全されていない部分に対して，回収不能となる可能性に応

じ，事前に貸倒引当金を計上することをいう。間接償却の場合，その債権はＢ／Ｓ上に資産として残る。そのため，間接償却を実施した後でも，担保の価格や貸出先の業績に変動があった場合などには，貸倒引当金を増減させる必要が生じ，銀行の利益に影響を与える可能性がある。

② 最 終 処 理

最終処理とは，「法的整理」や「私的整理」または「債権売却」によって不良債権をＢ／Ｓの資産から消してしまうことをいう。まず間接償却を行って貸倒引当金を計上し，その後，債務者が破綻して損失が確定した段階などで，最終処理が行われる。最終処理の場合は，償却時点で損失額が確定するため，その後は銀行の利益には影響を与えない。

［法的整理］

法的整理とは，経営困難に陥った企業が会社更生法や破産法などの法律に基づいて，裁判所の関与のもとに再建・清算されることをいう。法的整理の場合，一般に債権者間の公平性や透明性は確保されるが，手続きが煩雑で時間がかかり，企業価値も低下する可能性がある。

［私的整理］

私的整理とは，経営困難に陥った企業と債権者が，任意の話し合いにより再建を図ったり，会社の資産を処分・清算する方法である。私的整理の手法の一つとして債権放棄があり，銀行が不良債権の一部を放棄して損失処理することで，不良債権のオフバランス化につながる。私的整理は，法的整理と比べて企業の価値低下を最小限に抑えられ時間も節約できるが，銀行が債権放棄するのは，放棄した債権以外の債権についての回収の確実性が高まるなどの要件を満たすケースのみで，限定的である。

［債権売却］

　債権売却とは，対象となる不良債権の一部を第三者に売却し，それによって生じた売却損を損失処理することによって不良債権をオフバランス化する方法である。債権売却の方法は，回収が困難な債権をまとめて売却する，いわゆる「バルクセール」といわれるものが中心となる。

(3)　不良債権処理に伴う経理処理

　不良債権処理を行うことにより費用が発生する。間接償却の場合，「貸倒引当金繰入額」が費用として発生する。また，最終処理のうち，法的整理の経理処理は次のとおり「貸出金償却」によって処理される。この場合，貸倒引当金による「間接償却」に対して，「直接償却」とよばれることがある（図表3－9参照）。

図表3－9　不良債権処理の経理処理

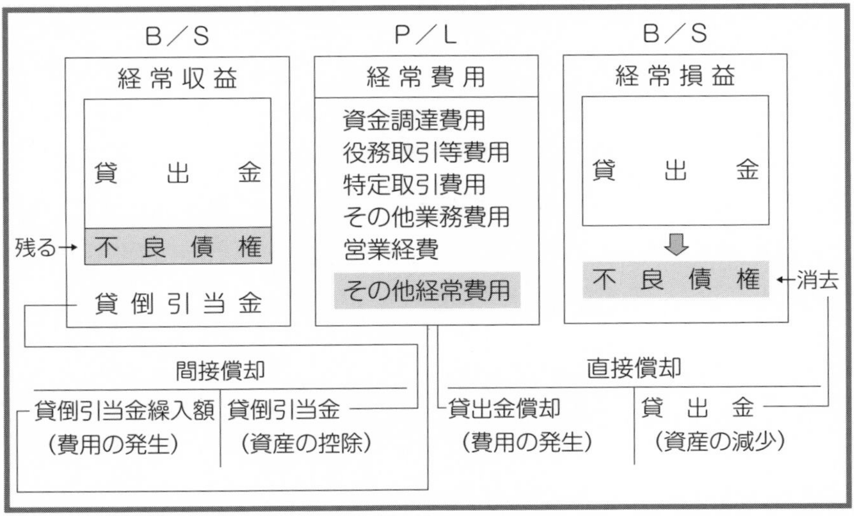

銀行は不良債権処理を加速させるため，「有税償却」を積極的に進めている。有税償却とは　償却に係るコストが損金と認められない場合で，税効果会計が適用される。将来，貸出先の倒産などで損失がはっきりした時点で利益と相殺され納税額が減少するため（将来減算一時差異），その分を見込んで繰延税金資産を計上して自己資本を積みますこととなるが，その妥当性が銀行決算上の大きな波乱要因となっている。

３　自己資本比率規制

　銀行の健全性の指標として，自己資本比率や流動性比率がある。国際決済銀行（BIS）に事務局があるバーゼル銀行監督委員会では，銀行の自己資本比率や流動性比率等に関する国際統一基準をバーゼル合意として公表しており，日本を含む多くの国における銀行規制として採用されている。例えば，わが国の「早期是正措置」では，銀行の健全性を促すため，自己資本比率を客観的基準として，この基準が満たされない場合は，その水準に応じて監督当局から銀行に対して必要な是正措置が発動される。

　バーゼル合意は，金融経済環境の変化に伴い何度か見直されてきた。1988年に最初に策定されたのがバーゼル１，2004年に改定されたのがバーゼル２である。その後，世界的な金融危機を契機に，再度見直しが進められ，2010年に新しい規制の枠組みであるバーゼル３について合意が成立した。

(1)　自己資本比率規制（バーゼル1）

　自己資本比率規制とは，銀行が抱えるリスクを計測し，そのリスクに対する最低限の自己資本の保有（最低所要自己資本）を求めるもので，リスク・アセットに対する自己資本の割合で示される。自己資本比率規制（バーゼル1）では，国際統一基準［海外営業拠点（海外支店又は海外現地法人）を有する預金取扱金融機関が対象］では8％以上，国内基準（海外営業拠点を有しない預金取扱金融機関が対象）では，4％以上を確保することが求められた。

　国際統一基準では，信用リスクとマーケット・リスクが，国内基準では，信用リスクがリスク・アセットの対象となっている。信用リスク・アセットは，資金運用先の信用リスクに応じて設定されたリスク・ウェイトにもとづいて算出される。例えば，現金や国債のリスク・ウェイトは0％で，結果的にはリスク・アセットに参入されない。また，自己資本比率規制（バーゼル1）では，事業法人向けの貸出のリスク・ウェイトは，一律100％であり，個々の事業法人の信用リスクが正確に反映されない等，いくつかの問題点が指摘されていた。

(2)　自己資本比率規制（バーゼル2）

　バーゼル1は，1998年から見直しが始められ，その結果決まったのがバーゼル2である。

　バーゼル2は，「第一の柱」（最低所要自己資本），「第二の柱」（監督上の検証プロセス），「第三の柱」（市場規律）の三つの柱により構成されており，それぞれの柱が相互に補完し合うことにより，規制全体としての

実効性を高めるというコンセプトとなっている。

　自己資本比率規制（バーゼル2）では，リスク把握の精緻化が図られた。事業法人の信用リスクについては，格付け等に基づき，計測手法の精緻化が図られ，その計測結果に基づいたリスク・ウェイトが適用されることとなった（図表3－10参照）。この他，オペレーショナル・リスクが規制の対象として新たに追加された。

図表3－10　信用リスク・アセットの算出

信用リスク・アセット＝資産額×リスク・ウェイト （主なリスク・ウェイト）	
日本国債，地方債，現金等	0%
政府関係機関等	10%
金融機関	20%
抵当権付住宅ローン	35%
中小企業・個人	75%
事業法人	格付けに応じ，20%〜150%（大宗は100%）

出所）　金融庁『バーゼル3（国際合意）を踏まえた国内対応について』より作成。

(3)　自己資本比率規制（バーゼル3）

　2007年夏以降の世界的な金融危機の経験を踏まえ，その再発を防ぎ，国際金融システムの耐性を高める観点から，バーゼル3が合意された。

　バーゼル3を踏まえた自己資本比率規制（国際統一基準）は，海外営業拠点を有する預金取扱金融機関を対象に2013年3月期から適用される。総自己資本，Tier 1，普通株式等Tier 1の3段階に対してそれぞれ

8％，6％，4.5％の最低水準がもうけられ，バーゼル2に比べてより厳しい内容となっている（図表3−11参照）。

図表3−11　自己資本比率（バーゼル3）の算出

$$総自己資本比率＝\frac{Tier\ 1＋Tier\ 2}{リスク・アセット}≧8％$$

$$Tier\ 1比率＝\frac{Tier\ 1}{リスク・アセット}≧6％$$

$$普通株式等Tier\ 1比率＝\frac{普通株式等Tier\ 1}{リスク・アセット}≧4.5％$$

$$Tier\ 1＝普通株式等Tier\ 1比率＋その他Tier\ 1$$

出所）　金融庁『バーゼル3（国際合意）を踏まえた国内対応について』より作成。

　普通株等Tier1とは，Tier1のうち普通株式，内部留保等の最も損失吸収力の高い資本のことである。のれん等の無形資産・繰延税金資産や他の金融機関の資本保有等は，原則普通株等Tier1から控除され，その他有価証券の評価差額金等は，普通株等Tier1に算入される。

　普通株等Tier1比率の最低水準については，2013年に3.5％から開始し，以後，段階的に最低水準が引き上げられ，2015年に4.5％に引き上げられることとなっている。さらに，2016年より「資本保全バッファー」が上乗せ基準として段階的に導入され，2019年より7％規制（完全実施）が開始される（図表3−12参照）。

　バーゼル3を踏まえた自己資本比率規制（国内基準）は，海外営業拠点を有しない預金取扱金融機関を対象に，2014年3月期から適用される。新国内基準では，普通株式，内部留保を中心に強制転換条項付優先株式（一定期間経つと普通株に強制的に転換される優先株式），一般貸倒引当金等

図表 3 - 12　自己資本比率規制（バーセル 3 ）の概要

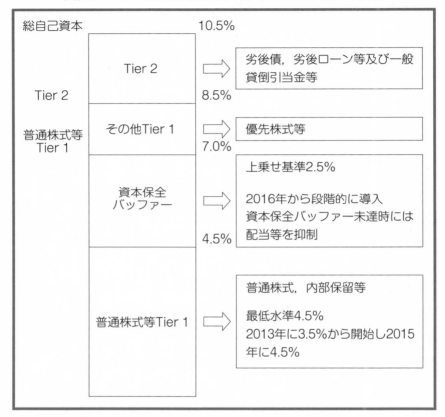

出所）　金融庁『バーゼル 3 （国際合意の概要）』より作成。

を加えた「コア資本」のリスク・アセットに対する比率について 4 ％以上を確保することが求められている。

　国際統一基準と同様，無形資産・繰延税金資産や他の金融機関の資本保有等は，コア資本から控除される。また，その他有価証券の評価差額金については，コア資本の額に算入しない（図表 3 −13参照）。

図表3－13　自己資本比率規制（国内基準）

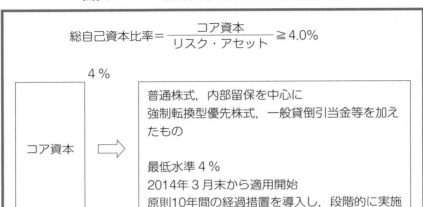

総自己資本比率＝ $\dfrac{コア資本}{リスク・アセット}$ ≧4.0%

4％

コア資本 ⇒

普通株式，内部留保を中心に
強制転換型優先株式，一般貸倒引当金等を加え
たもの

最低水準4％
2014年3月末から適用開始
原則10年間の経過措置を導入し，段階的に実施

出所）　金融庁『バーゼル3（国際合意）を踏まえた国内対応について』よ
　　　　り作成。

4　リスク管理

(1)　金融リスクとは

　銀行業務に係わるリスク（以下，金融リスク）には，さまざまな分類，
定義があるが，金融庁の「金融検査マニュアル」では次のように定義さ
れている（図表3－14参照）。

　銀行にとって貸出金等の運用資金の元金やその利息が回収できないこ
とは経営に深刻な影響を与える。これが「信用リスク」であり，その具
体的なものが，近年の不良債権問題である。

　市場リスクには「金利リスク」「価格変動リスク」「為替リスク」があ
る。銀行の中心的業務である預貸金業務において，貸出金と預金の元本，
期間，金利は通常ミスマッチであり，それが銀行にとって収益源でもあ

図表3－14　金融リスクの種類とその内容

種　　　類	内　　　　　容
信用リスク	「信用リスク」とは，信用供与先の財務状況の悪化等により，資産（オフバランス資産を含む。）の価値が減少ないし消失し，金融機関が損失を被るリスクである。このうち，特に，海外向け信用供与について，与信先の属する国の外貨事情や政治・経済情勢等により金融機関が損失を被るリスクを，カントリー・リスクという。
市場リスク	「市場リスク」とは，金利，有価証券等の価格，為替等のさまざまな市場のリスク・ファクターの変動により，保有する資産（オフバランス資産を含む）の価値が変動し損失を被るリスクである（それに付随する信用リスク等の関連リスクを含み「市場関連リスク」とする）。
金利リスク	金利変動に伴い損失を被るリスクで，資産と負債の金利又は期間のミスマッチが存在している中で金利が変動することにより，利益が低下ないし損失を被るリスク。
価格変動リスク	有価証券等の価格の変動に伴って資産価格が減少するリスク。
為替リスク	外貨建資産・負債についてネット・ベースで資産超又は負債超ポジションが造成されていた場合に，為替の価格が当初予定されていた価格と相違することによって損失が発生するリスク。
流動性リスク	「流動性リスク」とは，金融機関の財務内容の悪化等により必要な資金が確保できなくなり，資金繰りがつかなくなる場合や，資金の確保に通常よりも著しく高い金利での資金調達を余儀なくされることにより損失を被るリスク（資金繰りリスク）と，市場の混乱等により市場において取引ができなかったり，通常よりも著しく不利な価格での取引を余儀なくされることにより損失を被るリスク（市場流動性リスク）からなる。
事務リスク	「事務リスク」とは，役職員が正確な事務を怠る，あるいは事故・不正等を起こすことにより金融機関が損失を被るリスクである。
システムリスク	「システムリスク」とは，コンピュータシステムのダウン又は誤作動等，システムの不備等に伴い金融機関が損失を被るリスク，さらにコンピュータが不正に使用されることにより金融機関が損失を被るリスクである。

出所）　金融検査マニュアルの資料をもとに作成。

り，同時に一定のリスクを抱えることともなる。これが「金利リスク」である。金利自由化の進展において預金と貸出金（特に短期貸出金）の金利変動のミスマッチが拡大したことから，金利リスクは増大した（図表3－15参照）。一方，国内の預貸金業務の競争が激化するなか，銀行では新しい収益源として有価証券の運用を増やしたり，国際業務への進出が目立つようになった。そうした業務の拡大に伴い，「価格変動リスク」や「為替リスク」の問題も重要性を増しており，時には銀行経営そのものを揺るがしかねない状況も出てきている。

図表3－15　金利自由化と預貸金金利の変化

長期プライムレート	短期プライムレート	預金金利
1980〜1995 5年物利付金融債クーポンレートに連動 ○新長プラ導入（新短プラ＋期間別スプレッド） 両方式の併存	公定歩合に事実上連動 ○短プラ制度の見直し(新短プラ)各銀行ごとに調達コスト，経費率等を総合的に判断して決定	公定歩合に連動（規制金利） ○金利自由化スケジュール発表 規制金利と自由金利の併存 ○定期性預金金利の完全自由化 ○流動性預金金利の完全自由化

（左欄年号：1980 1981 1982 1983 1984 1985 1986 1987 1988 1989 1990 1991 1992 1993 1994 1995）

　預貸金業務においては，短期調達・長期運用が基本であり，そのミスマッチをカバーするため短期金融市場等を調整手段として資金管理が行われている。ただ，さまざまな理由により必要な資金を調達できなかっ

たり，調達コストが大幅に上昇する場合がある。これが「流動性リスク」である。

　銀行業務は，コンピュータ利用の拡大により，大量処理が可能となりその内容も多様化・複雑化してきている。それに伴い，「事務リスク」や「システムリスク」が拡大している。

　オペレーショナル・リスクは銀行のオペレーション（業務）に係わるリスクであるが，狭い意味（狭義）では上記の事務リスクとシステムリスクを指す。最近のリスク管理では，伝統的なリスクである信用リスクや市場リスク以外の幅広いリスクをアザーリスクとして総合的に管理の対象にする動きが目立っている。これが広義のオペレーショナル・リスクの考え方である。また，計量可能なオペレーショナル・リスクとは，広義のオペレーショナル・リスクから戦略リスクや風評リスクを除いたものであり，新BIS規制でも重要な概念である（図表3－16参照）。

図表3－16　オペレーショナル・リスク

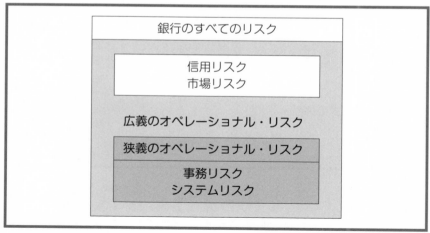

(2) 銀行経営におけるリスク管理の位置づけ

　信用リスク，市場リスク，事務リスク等のリスクは，銀行に限らず一般事業会社においても少なからず存在するものであるが，金融取引（資金取引）が業務の主要な部分を占めるという銀行業務の特殊性，また，資金仲介機能を通じた銀行の公共性により，その現れ方はより複雑に，しかもその影響はより深刻なものとなる可能性があり，それが，銀行に対してより高度なリスク管理体制が求められる理由でもある。銀行のリスク管理は金融・経済環境の変化とともに大きく変化してきた。その意味では，リスク管理は，複雑化し多様化する金融の諸問題を写す鏡でもある。

　銀行経営は従来の護送船団方式による横並び経営から，自己責任原則に基づく経営へと大きく転換してきている。自己責任原則に基づく経営は，「リスク管理」と「コンプライアンス（法令遵守）」管理態勢の強化に，外部からの「市場規律による監視」が加わることによって実現される。金融検査や監査はそれらを補完するものと位置づけられる。金融庁の「金融検査マニュアル」は，銀行等のリスク管理，法令遵守態勢に対する金融検査のマニュアルであるが，その内容は公表されており，個別の銀行がリスク管理態勢等のマニュアルを作成するにあたっての基準ともなっていた（図表3 –17，図表3 –18参照）。

図表3－17　金融検査マニュアルの構成

出所）　金融検査マニュアル。

図表3－18　銀行経営における金融検査マニュアルの役割

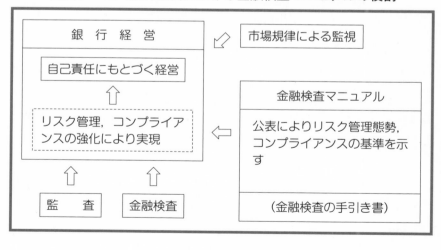

5　銀行のディスクロージャー

　ディスクロージャー（disclosure）とは経営情報の開示のことである。一般事業法人においても株主等に対するディスクロージャーは重要であるが，銀行は公共性，資金仲介機能を背景に株主などの投資家だけではなく，広く一般の利用者に対してディスクロージャーを行うことがより強く求められる。銀行法第21条で「銀行は，営業年度ごとに，業務および財産の状況に関する事項……を記載した説明書類を作成し，当該銀行の営業所に備え置き，公衆の縦覧に供しなければならない。」とされていて，ディスクロージャーが義務づけられている。毎年8月以降，銀行の営業所（本支店）で，その年の3月末の経営内容を掲載したディスクロージャー誌を見ることができるが，最近では多くの銀行のHPに掲載され，より手軽に見ることができるようになっている。ディスクロージャー誌には，銀行の収益性，健全性を見るための経営指標が数多く掲載されている。ただ，その一部を取り上げて銀行経営全体を判断するのは危険であり，個別指標の意味をよく理解した上で総合的に判断することが必要である。

6　銀行経営の新しい展開

　金融自由化の進展により銀行を取り巻く環境は激変し，銀行経営もそれに対応するため大きな変化を遂げてきた。銀行の中心的業務である預貸金業務においても大きな変化が見られる。預金については金利自由化は完了する一方，預金商品の設計についても，元本保証を前提として，

銀行が自由に行えるようになった。例えば，「株価連動型定期預金」「条件付き金利上乗せ定期預金」「ローン金利優遇預金」などがあげられる。預金以外の商品の取り扱いも急拡大している。従来は，国債等公共債の窓販が中心であったが，1998 年に証券投資信託の窓販が，2001 年には保険商品の窓販が解禁された。特に，投資信託の窓販では銀行等のシェアが拡大してきている。

　企業向けの貸出では，「コミットメントライン契約」「シンジケートローン」「DIP ファイナンス」等，従来の貸出形態と異なる貸出も見られるようになってきている。個人向けの貸出は，ローンを中心にその商品内容は多様化している。例えば，住宅ローンにおいて固定金利，変動金利の選択は借り手である顧客にとって悩ましい問題であったが，現在は，金利スワップを利用し一定期間後に見直しが可能なタイプのものが登場してきている。

　銀行間の競争が激化し破綻する銀行がある一方，従来の銀行の業務形態とは違う，新しいタイプの銀行の参入も目立つようになってきた。

　店舗ネットワークを通じて資金仲介機能や資金決済機能を果たしてきた都市銀行や地方銀行等に分類されない，「新たな形態の銀行」が誕生してきている。例えば，事業会社等の異業種による銀行業参入，主として決済サービスの提供を行う業務形態，店舗を保有せずインターネットやコンビニ等に設置した ATM を通じたサービスの提供などが，その特徴としてあげられる。これらの銀行は，徹底したコストの削減や取引対象・業務内容の絞り込みにより次第にその存在感を増してきている。

　もう一つの大きな動きが，キャッシュレス化である。フィンテックの進化，キャッシュレスの拡大を目指した様々な動きも相まってキャッシュレスの拡大は大きな流れとなっている。この分野への銀行業以外の

異業種の参入も活発化しており，競争が激化している。

　従来のタイプの銀行も，熾烈な競争に打ち勝つために徹底したコスト削減を図る一方，サービス内容の高度化，多様化を進めている。例えば，ネット専業銀行に対抗するためインターネットバンキングの強化やネット支店の開設，また，キャッシュレス決済を含む様々な金融サービスの提供にスマホを活用する動きが加速している。

　金融サービスにおける利便性の向上は，一方では事務リスク，システムリスクなどのオペレーショナル・リスクの増加につながる可能性がある。オペレーショナル・リスクは，バーゼル2において新たに規制の対象となった。急激に発達するコンピュータ技術は，銀行業務の拡大，多様化を可能にしてきた。銀行業務はコンピュータ抜きには考えられなくなっており，事務リスクはシステムリスクと表裏一体の不可分なものとなっている。事務リスク管理は銀行業務の基本として長年のノウハウの積み重ねの上に構築されてきたが，コンピュータ技術の急激な発達に伴うリスクの増大，変化に対応できない場合も生じてきている。こうした，銀行を取り巻く環境の変化に対応するため，事務リスクやシステムリスクなどのオペレーショナル・リスクにおいても，新たな発想や手法に基づく管理体制の構築が求められている。このような銀行業務の多様化・高度化に伴いリスク管理態勢，コンプライアンスの徹底が銀行経営にとってますます重要となってきている。

　銀行の基本的な経営理念である公共性・健全性・収益性をバランスよく実現していくためには，その状況を正確に把握することが必要である。そのために，新たな経営指標の導入が図られている。例えば，収益性の指標では業務粗利益，業務純益に加え「コア業務純益」が広く用いられるようになってきている（図表3－19参照）。健全性では，不良債権関係

図表３－19　業務粗利益，業務純益，コア業務純益

経 常 収 益	経 常 費 用	経 常 損 益
資金運用収益	資金調達費用	資金運用収支
役務取引等収益	役務取引等費用	役務取引等収支
特定取引収益	特定取引費用	特定取引収支
その他業務収益	その他業務費用	その他業務収支
	営業経費	△営業経費
その他経常収益	その他経常費用	その他経常収支

業務粗利益 （網掛け部分の合計）
　＝資金運用収支＋役務取引等収支＋特定取引収支＋その他業務収支
［業務純益］
　＝ 業務粗利益 －一般貸倒引当金繰入額－経費（臨時経費除く）
［コア業務純益］
　＝ 業務粗利益 －債券売買損益－経費

の指標に加え，自己資本比率規制に関する諸指標への対応が重要となっている。この他，銀行経営等に対する市場の評価である「格付け」や「株価」も銀行経営にとって重要な指標となっている。

<参考文献>
　安田嘉明著『金融リスクと金融機関経営』税務経理協会，1994年。
　安田嘉明・貞松茂・林裕【共著】『金融入門　銀行・証券・保険の基礎知識』〔改訂版〕税務経理協会，2016年。
　鈴木淑夫・岡部光明編『実践ゼミナール　日本の金融』東洋経済新報社，1996年。
　マッキンゼー金融グループ著『新・銀行の戦略確信』東洋経済新報社，1997年。
　鹿野嘉昭著『日本の金融制度』東洋経済新報社，2001年。

日本銀行調査月報『金融機関における統合的なリスク管理』2001年6月号。

金融辞典編集委員会編『大月金融辞典』大月書店，2002年。

『ニッキン資料年報（2003年版）』日本金融通信社，2002年。

統合リスク管理研究会編『統合リスク管理入門』（社）金融財政事情研究会，2002年。

検査マニュアル研究会編『金融機関の信用リスク検査マニュアルハンドブック』（社）金融財政事情研究会，2002年。

小山嘉昭著『詳解銀行法』（社）金融財政事情研究会，2004年。

全国銀行協会企画部金融調査室編『図説わが国の銀行　10訂版』財経詳報社，2017年。

＜参考資料＞

財務省『財務省財務局六十年史』，2009年。

全国銀行協会『全国銀行財務諸表分析』。

全国銀行協会『やさしい銀行のよみ方Part 1～よくわかる銀行のディスクロージャー』2004年。

全国銀行協会『やさしい銀行のよみ方Part 2～くわしくわかる銀行のディスクロージャー』2004年。

預金保険機構『預金保険制度の解説』2005年。

日本銀行『教えて！にちぎん』。

金融庁『自己資本比率規制等（バーゼル2～バーゼル2.5～バーゼル3）について』。

第**4**章

証券の基礎

1　証券とは何か

　証券とは，何らかの財産に関する権利・義務を証明する券（紙片）のことである。その範囲を一律に定めることは難しいが，大きくは「有価証券」と「証拠証券」に分けられ，さらに有価証券は「資本証券」，「貨幣証券」，「物品証券」の三つに大別される。資本証券には株式（株券）や債券，貨幣証券には手形や小切手，物品証券には貨物引換証や商品券などが含まれる。また，証拠証券には借用証書や保険証券などがある。

　証券の具体的な範囲は，各種法律によって定められている。そのうちの一つである金融商品取引法の第二条には，国債証券，地方債証券，社債券，株券などを有価証券と定義している。金融商品取引法の前身は，証券取引法であり，株式や債券などの有価証券に関する法律である。

　本章で解説する証券は，金融商品取引法で取り扱われる有価証券を対象とし，特に代表的な証券である株式と債券を中心に取り上げる。ただし，これらの概要や特徴について説明する前に，まず証券が金融の中でどのように位置づけられているのかについて見ていく。

図表4－1　証券の分類

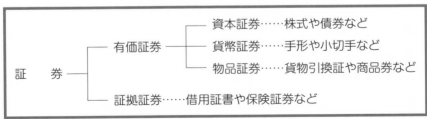

（1） 金融取引と証券

　金融とは，その名のとおり資金を融通することである。同様に考えると，金融取引は資金を融通する取引となる。例えば，銀行にお金を預けること，逆に銀行からお金を借りるといったことはともに金融取引である。また，取引という言葉には，何らかの契約あるいは合意に基づいて，お金（あるいはお金に類するもの）とモノやサービスを交換するという意味がある。では，金融取引は何と何を交換する取引であろうか。それは，現在のお金と将来においてお金を支払うという約束の交換である。

　例えば，高校や大学などに在学中に借りることができる奨学金であれば，現在のお金は在学中に振り込まれる毎月のお金である。一方，将来においてお金を支払うという約束は，学校を卒業した後に一定期間にわたってお金を返済していくという約束にほかならない。すなわち，奨学金は在学中に得られるお金と卒業後にお金を返済するという約束を交換する取引であると考えることができる。

　では，金融取引を行うことによって何が得られるのだろうか。まず，借り手側は現在のお金を得るわけであるが，これは通常何らかのモノやサービスを得るために使われる。例えば，学生であれば，学費や学業を継続するための費用への支払いなどがあげられる。また，企業であれば，工場や店舗などへの設備投資などが考えられる。すなわち，現在のお金とは，モノやサービスを手に入れるための力（購買力）であり，借り手はこの購買力を得るために金融取引を行っているとみなすことができる。

　一方，貸し手側は将来においてお金を支払うという約束を得るわけであるが，この約束には通常何らかの見返りが期待される。例えば，提供した現在のお金に一定の割合を乗じた金額，すなわち金利（利息）を上

図表4-2　金融取引の仕組み

乗せすることはその見返りの一つである。

　金融取引は，上記で説明したとおり，現在のお金と将来においてお金を支払うという約束を交換することであるが，この約束の内容，すなわち誰と取引するのか，見返りは何か，どのような契約を結ぶのかなどはさまざまなものが考えられる。株式あるいは債券といった代表的な証券は，この約束の仕方を分類したものの一つとみなすことができる。特に，これらの証券は一定の単位に分割された券として発行されるため，他者への売買や譲渡といった交換に適している。したがって，株式や債券といった証券は金融取引の代表的な手段の一つとして位置づけられる。

(2)　金融取引の機能と証券

　金融取引には，「資金の移転」と「リスクの移転」という二つの基本的な機能がある。

　資金の移転は，資金が余っている主体から資金が不足している主体に資金，すなわちお金が流れることを意味する。資金が余っているとは，収入と支出を比較したときに，収入の方が上回っていることを表し，このような主体は「黒字主体」とよばれる。逆に，資金が不足しているとは，収入よりも支出の方が上回っていることを表し，このような主体は「赤字主体」とよばれる。なお，ここでの主体とは主に家計，企業，政

府のことを指す。

　また，資金の移転は社会全体の視点から見ると，投資活動を活発化させる効果がある。例えば，多くの企業は資金が不足している赤字主体であり，金融取引を通じて資金を調達し，投資を行っている。また，個々の主体の視点から見ると収入を得るあるいは支出を行うといったタイミングを自由に決められるという効果がある。例えば，奨学金であれば，学生の間に収入を得て（借り入れて），卒業後に支出（返済）を行っていくということである。同様に，住宅ローンであれば，まず収入を得る（借り入れる）ことでマイホームを購入し，その後一定期間にわたって支出（返済）を行っていくということである。

　次に，リスクの移転は，金融取引の相手側に自身のリスクの一部あるいは全部を負担してもらうことを意味する。例えば，ある企業が金融取引によって調達した資金で新規の事業を始めたとする。当然，この事業が成功するか，あるいは失敗するかは事前にはわからない。すなわち，投資の成果は不確実であり，ここではこれをリスクとみなす。金融取引によって，このリスクの一部あるいは全部を資金提供者に引き受けてもらい，失敗したときの損失を資金提供者に負担してもらうのである。その代わり，資金提供者は事業が成功したときにはリスクに見合った見返りを求めることになる。

　また，リスクの移転はリスクを負担あるいは回避するといった選択を可能にする効果がある。例えば，金融取引を通して，積極的にリスクを負担し，大きな見返りを求めることもできる。また，自身が負うリスクを他者に負担してもらうことで，損失を回避するといったこともできる。

　株式や債券といった証券は，どちらも資金の移転の機能を持っているが，リスクの移転の機能については株式と債券では異なっている。債券

図表 4 - 3　金融取引の機能

は通常，資金調達者がリスクを負担し，返済の義務を負う。一方，株式は資金提供者がリスクを負担し，資金調達者は返済の義務を負わない。つまり，株式には資金調達者から資金提供者にリスクを移転させる機能があり，一般的に株式は債券よりも投資リスクが高いという特徴がある。

(3)　間接金融と直接金融

　資金は，金融取引を通して，資金が余っている黒字主体から資金が不足している赤字主体に流れていく。その流れ方には「間接金融」と「直接金融」とよばれる二つのルートがある。

　間接金融は，銀行を代表とする金融仲介機関を通じて，黒字主体から赤字主体に間接的に資金が流れるルートである。例えば，銀行は個人などから預かったお金（預金）を元にして，資金を必要とする企業に貸し出している（貸出）。この場合，銀行は資金調達者であると同時に，資金提供者でもある。

　一方，直接金融は，証券会社を代表とする金融仲介機関を通じて，黒字主体から赤字主体に直接資金が流れるルートである。例えば，株式や債券といった証券を発行し，資金を調達する場合，証券会社を経由して販売されるものの，最終的な資金提供者は投資家である。ここでの証券

図表4－4　間接金融と直接金融

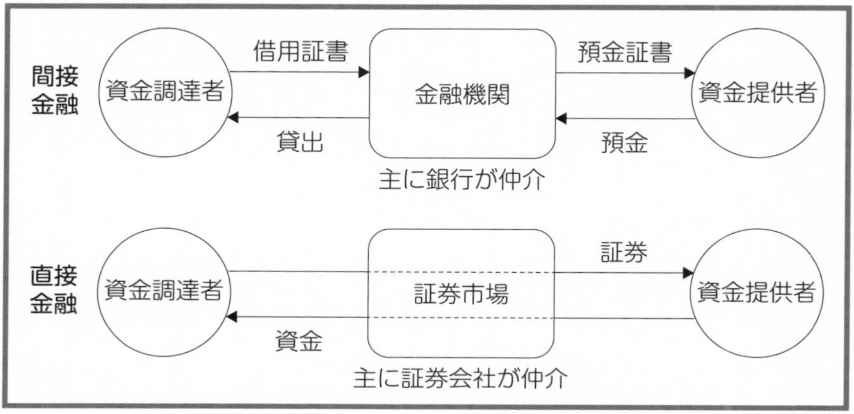

間接金融　資金調達者　借用証書→　金融機関　←預金証書　資金提供者
　　　　　　　　　　　←貸出　　　　　　　　　預金→
　　　　　　　　　　　　　　　主に銀行が仲介

直接金融　資金調達者　　　　　　証券市場　　　証券→　資金提供者
　　　　　　　　　　←資金　　　　　　　　　　　
　　　　　　　　　　　　　主に証券会社が仲介

会社は，金融取引を仲介することで，証券市場における資金調達者と資金提供者を結びつける役割を担っている。

2 株　　　式

　株式（株券）とは，株式会社に出資した（資金を出した）証拠として発行される証券の一つである。株式会社は，会社の代表的な形態の一つであり，将来にお金を支払うという約束を株式という形で発行することで，資金（資本）を調達する会社である。約束の内容には，事業活動によって得た最終的な利益を資金提供者に分配することなどが含まれている。

　次に，株式の特徴について説明するが，その前に基本的な用語の意味について説明しておく。まず，株式を所有しているものを「株主」，株式一株あたりの価格を「株価」とよぶ。また，株式会社がすでに発行している株式の数のことを「発行済み株式数」，株価と発行済み株式数を掛けたものを「時価総額」とよぶ。時価総額は，企業の価値を表すと考

えられている。さらに，株式を追加で発行し，資金を調達することを「増資」とよび，事業拡大や経営の健全化のために実施されることが多い。

(1)　株式の特徴

株式の特徴として，第一に，あらかじめ定められた金利（利息）の支払いや元金の返済などがないことである。すなわち，株式会社は株式によって調達した資金を返済する義務がない。

第二に，投資の見返りは主に「配当金」や株式の売却益から得られることである。配当金は，年に1回か2回程度支払われることが多いが，企業の業績や経営方針によって変わり，無配（配当しないこと）もありうる。また，株式の売却益は，株価が上昇したときに売却することで得られる利益のことである。ただし，株価の動きによっては損失を被ることもあり，これを「価格変動リスク」とよぶ。株価はさまざまな要因によって変動するが，特に企業の業績や1株あたり利益とその成長率が重要である。以上の二つの見返りから計算した収益率は，次のようになる。

投資収益率(%) ＝ (売却価格 − 購入価格 ＋ 配当金) ÷ 投資元本 × 100

（例）　売却価格11万円，購入価格10万円，配当金3,000円の収益率

(11万円 − 10万円 ＋ 3,000円) ÷ 10万円 × 100 ＝ 13%

第三に，株主は株式会社が事業に失敗したときのリスクを負担するが，出資した以上の額の責任を負う必要はないことである。これは「有限責任」とよばれ，株式会社が倒産したとしても，株主に追加の負担を求められることはないことを意味する。

なお，株主はその他に自社の製品やサービスといった特典を受けられる場合があり，これを「株主優待」とよぶ。

(2)　株主の権利

　株主には，「議決権」「利益配当請求権」「残余財産分配請求権」という三つの代表的な権利がある。

　議決権は，経営に参加する権利である。株式会社の最高意志決定機関である「株主総会」に参加し，企業の経営方針や経営者の信任などに関する重要な議案に投票することができる。なお，一般的な選挙とは異なり，一定の株数（一単元）ごとに一個の議決権が与えられるため，株式を多く所有する者ほど多く投票することができる。

　利益配当請求権は，配当を受け取る権利である。株主は，株式会社が行った事業の成果として，配当を受け取ることができる。ただし，企業は業績の悪化あるいは成長に向けた投資を優先することなどを理由に配当をしないことも多々ある。

　残余財産分配請求権は，企業が解散したときに，残余財産を受け取る権利である。企業は，倒産あるいは廃業などによって解散したとき，保有する資産を売却し，負債を返済することになる。株主は，負債をすべて返済した後に残った財産，すなわち残余財産があれば受け取ることができる。残余財産がない場合は何も受け取ることはできないが，たとえ負債が残ったとしても株主は追加で負担する必要はない（有限責任）。

　これらの他にも，株主には多くの権利が与えられているが，「共益権」と「自益権」の二つに大別される。共益権は，株主総会における議決権などのように株主全体の利益に影響する権利のことを指す。一方，

図表４－５　株主の代表的な権利

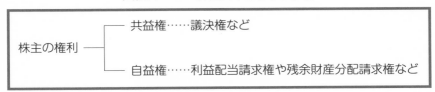

自益権は利益配当請求権や残余財産分配請求権のように株主個人のための利益に影響する権利のことを指す。

(3)　株式の種類

　株式の種類は，「普通株」と「種類株」の二つに大別される。普通株は，株主の権利に何ら制限を受けない標準的な株式であり，大半の株式はこれに該当する。種類株は，普通株式とは権利の内容が異なる株式であり，「優先株」や「劣後株（後配株）」などいくつもの種類がある。

　優先株は，普通株よりも配当や残余財産の分配を優先的に受けることができる株式である。ただし，その代わりとして，議決権などが制限される場合がある。一方，劣後株は，普通株よりも配当や残余財産の分配が劣後する株式である。したがって，株主の代表的な権利である利益配当請求権と残余財産分配請求権の優先順位は，一般的に，優先株，普通株，劣後株の順になっており，劣後株は最も優先順位が低くなっている。なお，一般の投資家が劣後株を引き受けるメリットはほとんどないため，実際に劣後株が発行される事例は少ない。過去の事例として，企業再建のための資金調達や議決権の維持などのために発行されたことがある。

図表4－6　株式の種類と権利の優先順位

```
株式の種類 ┬── 普通株
           │
           └── 種類株……優先株や劣後株など

株主の権利の優先順位（利益配当請求権と残余財産分配請求権）

           優先株 ＞ 普通株 ＞ 劣後株

（議決権などが制限される場合がある）
```

3　債　　券

　債券とは，企業や政府などが資金を調達するために発行する証券の一つである。株式と同様に，将来にお金を支払うという約束を債券という形で発行し，それを資金提供者（投資家）に販売している。約束の内容には，資金提供者に元金を返済することや金利（利息）を支払うことなどが含まれている。債券は，発行者にとっては債務（負債）になる一方で，投資家にとっては債権（資産）になる。

　次に，債券の特徴について説明するが，その前に基本的な用語の意味について説明しておく。まず，元金の返済期間のことを「満期」，返済期日のことを「満期日」とよぶ。また，債券の券面に記載されている金額を「額面価格（額面金額）」，金利のことを「表面利率（利率あるいはクーポンレート）」とよぶ。さらに，債券を発行するときの販売価格を「発行価格」，債券を他の投資家に売却するときの価格を「債券価格」とよぶ。

(1)　債券の特徴

　債券の特徴として，第一に，債券には通常満期があり，額面金額を満期時に返済する必要がある。すなわち，債券の発行者は株式とは異なり，債券によって調達した資金を返済する義務を負う。

　第二に，債券の購入者は投資の見返りとして，一定期間の間（満期まで），利息が支払われることである。利息の支払いは，日本の場合，年2回が一般的である。また，債券の発行価格（購入価格）が額面金額を下回る場合は，その差も実質的な利息となる。例えば，額面100円の債券を95円で発行した場合，差額の5円は実質的な利息となる。

　第三に，債券には「債務不履行リスク（信用リスク）」や「価格変動リスク」などのリスクがある。債務不履行リスクは，債券の発行者が当初の約束どおりに利息の支払いや元金を返済できないリスクである。また，価格変動リスクは，債券を満期前に売却するときなどにおいて，債券価格の動きによって損失を被るリスクである。なお，債券価格の変動要因として，特に市場金利の動きが重要である。

(2)　債券の分類

　債券は，さまざまな視点から分類できる。ここでは債券の発行機関，利息の支払方法，満期までの期間による分類について説明する。

　債券の発行機関で分類すると，債券は「公共債」と「民間債」の二つに大別される。公共債は国（政府）が発行する「国債」，地方公共団体（都道府県や市町村）が発行する「地方債」，政府関係機関が法律に基づいて発行する「特別債」に分けられる。特別債には，利息の支払いや元

図表4－7　債券の発行機関による分類

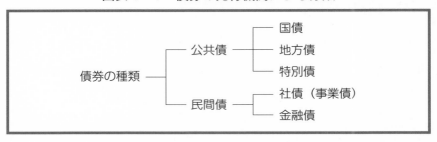

金の返済を政府が保証している政府保証債などがある。また，民間債は一般の企業が発行する「社債（事業債）」と特定の金融機関が発行できる「金融債」に分けられる。社債には，普通社債の他に，発行会社に対して株式の発行を請求できる権利が付与された「新株予約権付社債」などがある。なお，外国の企業や政府が日本国内で発行する円建て債券は「サムライ債」ともよばれる。

　次に，利息の支払方法で分類すると，「固定利付債（確定利付債）」「変動利付債」「割引債」の三つに大別される。まず，利息の金額は次のように計算される。

利息の金額＝債券の額面金額×表面利率
（例）　額面金額100万円，表面利率1％の利息
　　　　100万円×1％＝1万円

　固定利付債は，金利を表す表面利率が特定の水準に固定されており，一定の利息が支払われる債券のことである。逆に，変動利付債は，表面利率が基準となる金利によって変化し，金利の動向によって支払われる利息が変動する債券である。また，割引債は，表面利率がゼロであり，利息が支払われない債券である。ただし，割引債は通常額面価格よりも

低い価格で発行されるため，償還時（満期時）において額面価格と発行価格の差が実質的な利息になる。

　さらに，満期までの期間で分類すると，「短期債」「中期債」「長期債」「超長期債」の四つに大別される。短期債は，満期までの期間が1年以内の債券，中期債は1年超5年以内の債券，長期債は5年超10年以下の債券，超長期債は10年を超える債券である。例えば，国（政府）が発行する10年利付国債は，満期までの期間が10年の長期債であり，かつ利率が固定された固定利付債でもある。

４　証券の価値

　証券の価格には，「市場価格」や「理論価格」などいくつかの種類がある。市場価格は，株式であれば株価，債券であれば債券価格といったように，投資家同士の売買によってつけられた実際の価格のことである。一方，理論価格は，その証券が本来もっている価値を表した価格のことであり，証券の「本質的価値」とよばれる。

　この本質的価値を求める方法として，将来のキャッシュ・フローを現在の価値に換算するというものがある。まず，キャッシュ・フローは，ここでは現金収入のことである。例えば，利付債であれば元金と利息，また株式であれば配当金と株式を売却した時の代金が将来のキャッシュ・フローになる。また，現在の価値に換算するとは，将来のキャッシュ・フローを金利などの適切な割引率で割り引き，現時点でどれだけの価値があるのかを求めることである。

　証券の本質的価値を求めることができれば，投資家はそれと市場価格を比較することによって，その証券が「割安」か，あるいは「割高」か

を判断することができるようになる。以下では，証券の本質的価値を求めるための最も基礎的な概念について説明する。

(1) 金利と利息

　金利とは，お金を貸し借りするときの手数料のようなものである。手数料といっても金額ベースではなく，年率5％などといったようにパーセントで示される。金額ベースの手数料は「利息」とよばれ，お金を貸し借りするときの元金に金利（利率）を掛けることで求められる。利息は，貸し手（資金提供者）にとっては収益であるが，借り手（資金調達者）にとっては費用になる。また，利息には「単利」と「複利」の二つの計算方法がある。

　単利は，元金にのみ利息がつく計算方法である。例えば，金利（年利率）5％で元金100万円を3年間運用した場合の利息は次のようになる。

（例）　金利5％，元金100万円，3年間運用した場合の利息（単利）

1年目の利息＝100万円×5％＝5万円

2年目の利息＝100万円×5％＝5万円

3年目の利息＝100万円×5％＝5万円

　一方，複利は利息を当初の元金に加えて，再度運用していく計算方法である。例えば，前述の例を複利で計算すると次のようになる。

（例）　金利 5 ％，元金100万円，3 年間運用した場合の利息（複利）

1 年目の利息＝100万円× 5 ％＝ 5 万円

2 年目の利息＝105万円× 5 ％＝ 5 万2,500円

3 年目の利息＝110万2,500円× 5 ％＝ 5 万5,125円

---

1 年目の利息は単利と同じであるが，2 年目の利息は 1 年目よりも 2,500 円増えている。これは，1 年目に得た利息 5 万円を元金として再度運用したことによって得られたものである。同様に，3 年目は 2 年目までに得た利息合計 10 万 2,500 円を元金として再度運用している。このように，複利には利息が利息を生む効果があり，これを「複利効果」とよぶ。

(2)　将来価値と現在価値

将来価値は，ある金利（複利）のもとで現在のお金を運用した時に，1 年後，2 年後などといった将来にいくらになっているのかを表す。これは，結局のところ，利息を複利で計算したときの元利金の合計に等しくなる。例えば，前述の例と同じ金利（年利率）5％で元金 100 万円を 3 年間運用した場合の将来価値は次のようになる。

（例）　金利 5 ％，元金100万円，3 年間運用した場合の将来価値

1 年後の将来価値＝100万円×（ 1 ＋ 0.05 ）＝105万円

2 年後の将来価値＝100万円×（ 1 ＋ 0.05 ）^{2}＝110万2,500円

3 年後の将来価値＝100万円×（ 1 ＋ 0.05 ）^{3}＝115万7,625円

次に，現在価値は，ある金利（複利）のもとで，1 年後，2 年後など

といった将来のお金を現在のお金に換算するといくらになるのかを表す。これは，現在においていくらのお金があれば，ある金利（複利）のもとで運用したときに，将来価値と等しくなるのかを求めていることと同じである。例えば，1年後にもらえる105万円を金利（年利率）5％で現在の価値に換算した場合は次のようになる。

（例）　金利5％，1年後にもらえる105万円の現在価値

$$現在価値 = \frac{105万円}{(1+0.05)} = 100万円$$

したがって，1年後の105万円は，現在の価値に換算すると100万円になる。これは，現在において100万円のお金があれば，金利5％で1年間運用することで105万円まで増やすことができるということと同じである。また，2年後にもらえる105万円を金利（年利率）5％で現在の価値に換算した場合は次のようになる。

（例）　金利5％，2年後にもらえる105万円の現在価値

$$現在価値 = \frac{105万円}{(1+0.05)^2} = 95万2,381円$$

この場合は，2年間複利で運用したときに，105万円まで増やすために今必要なお金はいくらかを求めている。なお，1年後と2年後の105万円の現在価値を比較すると，2年後の方が価値が低い。これは現在価値に換算する期間が長ければ長いほど，現在価値は小さくなることを意味する。同様に，金利（割引率）が大きいほど，現在価値は小さくなる。

最後に，将来価値と現在価値の求め方を一般的な式で表すと次のようになる。式のrは金利，tは期間（年）を表している。式から分かるよう

に，将来価値と現在価値は表裏一体の関係にある。なお，rはパーセントではなく小数を入れる必要がある。例えば，5％であれば0.05が入る。

将来価値＝現在価値×$(1+r)^t$

現在価値＝$\dfrac{将来価値}{(1+r)^t}$

---

(3)　債券の価値

　前述した現在価値の考え方を応用し，満期1年，額面100万円の割引債について評価してみる。なお，現在の金利（割引率）は5％とする。

　まず，割引債の将来キャッシュ・フローは，満期時に返済される額面金額のみである。よって，この割引債の将来の金額（将来価値）は100万円である。また，現在の金利が5％であることから，お金を5％で運用することができるということがわかっている。よって，この割引債の現在価値の計算は，現在においていくらのお金があれば，金利5％で運用することで100万円まで増やすことができるのかを求めることと同じである。したがって，この割引債の現在価値は次のようになる。

　（例）　満期1年，額面100万円の割引債の現在価値（金利は5％と仮定）

　割引債の現在価値＝$\dfrac{100万円}{(1+0.05)}$＝95万2,381円

　もし，この割引債が市場価格94万円で売られていた場合は，現在価値よりも安い値段であるため割安と判断される。逆に，97万円で売られていた場合は，現在価値よりも高い値段であるため割高と判断される。

＜参考文献＞

池尾和人『現代の金融入門［新版］』筑摩書房，2010年。

大村敬一・俊野雅司『証券論』有斐閣，2014年。

川北英隆『テキスト株式・債券投資〈第2版〉』中央経済社，2010年。

榊原茂樹・城下賢吾・姜喜永・福田司文・岡村秀夫『入門証券論［第3版］』
　　有斐閣，2013年。

手嶋宣之『基本から本格的に学ぶ人のためのファイナンス入門』ダイヤモン
　　ド社，2011年。

安田嘉明・貞松茂・林裕『金融入門〔改訂版〕』税務経理協会，2014年。

第 5 章

証券市場と
証券業務

❶　証券市場とは何か

　証券市場とは，市場（いちば）のような特定の場所を表しているわけ
ではなく，証券の発行や売買が行われる場を抽象的に表したものである。
例えば，証券市場で資金を調達するといった場合，一般的には株式や債
券などの証券を新たに発行し，投資家から資金を集めることを意味する。

　証券市場は，「発行市場」と「流通市場」の二つに大別される。さら
にそれぞれの市場は，株式発行市場，債券発行市場，株式流通市場，債
券流通市場のように分けられる。発行市場は，証券を新たに発行し，資
金を調達するための市場である。一方，流通市場は，すでに発行された
証券の売買を行うための市場であり，中古品の売買市場に類似している
といえる。これら二つの市場は，それぞれ独立しているわけではなく，
密接につながっている。例えば，投資家の多くは，流通市場で売却でき
ることを念頭に置いて，発行市場での資金調達に応じていると考えられ
る。

　また，証券市場には株式や債券といった証券による金融取引を円滑に
行うための仕組みがある。金融取引は，資金提供者と資金調達者の間で
行われる取引であるが，そもそも誰が資金を提供できるのか，また誰が
資金を調達しようとしているのか，といった情報がなければ取引を始め
られない。そのため，このような情報を収集し，証券による金融取引を
円滑にするための機関が求められる。それが後に説明する証券会社や証
券取引所などの金融仲介機関である。したがって，証券市場は証券の発
行や売買を行う場であると同時に，投資家，証券会社や証券取引所など
のさまざまなプレイヤーや機関が活躍する場でもある。

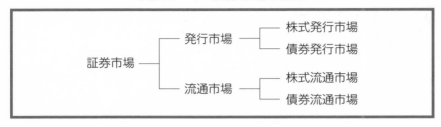

図表5－1　証券市場の分類

証券市場 ─┬─ 発行市場 ─┬─ 株式発行市場
　　　　　 │　　　　　　 └─ 債券発行市場
　　　　　 └─ 流通市場 ─┬─ 株式流通市場
　　　　　　　　　　　　　 └─ 債券流通市場

2　発行市場と流通市場

(1)　発行市場

　発行市場は主に，株式や債券などの証券を新たに発行し，資金を調達するための第一次市場である。例えば，ある企業が市場で株式を新たに発行し，工場建設のための資金を調達するといった場合，この市場は株式発行市場のことを指す。また，発行市場において，証券会社は証券の発行者の資金調達を支援するための業務を請け負うなど，重要な役割を果たしている。例えば，証券の発行条件に関するさまざまな情報の収集や証券による資金調達を保証するといったことがあげられる。

　発行市場で証券を発行する方法は，「公募発行」と「私募発行」の二つに大別される。公募発行は，50名以上の不特定多数の投資家に向けて，証券を売り出すときの発行方法である。一方，私募発行は50名未満の少数の特定の投資家に向けて，証券を売り出すときの発行方法である。あるいは，50名以上であっても，銀行や保険会社などの適格機関投資家とよばれる投資家に向けて売り出す場合も私募発行に分類されることがある。公募発行と私募発行における重要な違いは，投資家に対する情報提供にある。より多くの投資家に向けて証券を売り出している公募発

80

図表5－2　証券の流れ

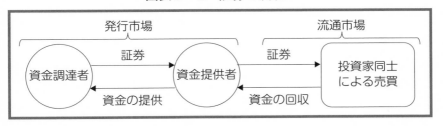

行の場合，証券の発行会社は投資家保護のためにもより多くの情報を提供することが求められる。

　また，債券発行市場では，証券の発行方法として「間接発行」と「直接発行」という分け方もある。間接発行は，資金調達を求める企業が債券の発行に関する手続きなどを証券会社や銀行などの仲介機関に委託し，仲介機関を通じて債券を売り出す方法である。一方，直接発行は，債券の発行者が発行手続きなどを自ら行うことで，債券を直接売り出す方法である。例えば，特定の金融機関が金融債を発行する場合や一般の企業が証券会社などの金融仲介機関を利用せずに社債を自ら発行するといった場合があげられる。

(2)　流 通 市 場

　流通市場は，すでに発行された証券の売買を行うための第二次市場である。発行市場とは異なり，流通市場では新たな資金調達が行われるわけではない。流通市場の基本的な役割は，すでに発行された証券に「流動性」と「価格」を与えることである。ここでの流動性とは，換金の容易さを表している。例えば，証券市場において流動性が高いという表現は，容易に証券を他者に売却できる状況のことを表す。逆に，流動性が

低いという場合には，取引相手がなかなか見つからないといったように，売却が容易ではない状況を表す。一方，ここでの価格とは，投資家同士で証券が売買された時に価格がつくということである。株式であれば株価，債券であれば債券価格のことを指す。また，流通市場において，特に証券取引所と証券会社は重要な役割を果たしている。証券取引所は主に投資家同士が証券を売買するための機能を提供している。一方，証券会社は証券の売買を支援するための業務を請け負ったり，証券会社自身が投資家として証券の売買に参加したりしている。

　また，流通市場は，発行市場における資金調達を円滑にする役割も果たしている。この点について，仮に流通市場が整備されておらず，発行市場のみ存在する株式市場を例に説明しよう。まず，発行市場で株式を購入した投資家は，流通市場がない場合において，資金の回収という面で問題が生じる。なぜなら，株式会社は株式で調達した資金を返済する義務がなく，株主は株式を他者に売却しない限り，自ら資金を回収するすべを持たないためである。その上，他者に売却するためには，希望する条件を満たす取引相手を自ら探す必要があり，容易ではない。また，配当金は企業業績や経営方針によって異なるため，全く見返りが得られないこともありうる。このような状況が想定される場合，発行市場で株式を購入し，資金を提供しようとする投資家は非常に限られてくるだろう。つまり，流通市場が整備されていない場合，発行市場での資金調達にも問題が生じるのである。よって，流通市場を整備し，証券を他の投資家に売却する仕組みを構築することは，発行市場における円滑な資金調達につながっているのである。

③　証券市場の機能

　証券市場には，資金調達を求める企業（あるいは政府）と投資機会を求める投資家の相反するニーズを調整する機能がある。まず，企業が証券市場から資金を調達する場合，長期で大量の資金を求めることが多い。その理由として，工場や店舗などへの大規模な設備投資には大量の資金が必要であること，また投資をしてから資金を回収するまでに長期の時間を要することがあげられる。しかし，長期で大量の資金を提供できるような投資家は，大口の資金を運用する「機関投資家」など一部に限られる。なお，機関投資家には銀行，証券会社，保険会社などが含まれる。

　次に，投資家が証券市場で資産を運用する場合，短期で少額の資金からでも投資できることを求めることも多い（特に個人投資家）。例えば，余裕資金で投資を行っていたが，資金を工面する必要が出たため急遽，流通市場で証券を売却するといったことが考えられる。あるいは株式市場の状況が悪化し，リスクを避ける（移転する）ために証券を売却するといったことも考えられる。これらの相反するニーズは，資金の小口化と短期の資金を長期の資金に変換という二つの機能によって調整される。

　まず，資金の小口化とは，一定の単位に分割した証券を大量に発行することで，不特定多数の投資家から小口の資金を集めることである。少数の投資家からでは十分な資金を調達できない場合でも，非常に多くの投資家から小口の資金を集めることで，結果として大量の資金を調達することができる。また，短期の資金を長期の資金に変換するとは，流通市場で証券が繰り返し売買されたとしても，証券の発行会社が調達した当初の資金には何ら影響を及ぼさないということである。すなわち，投

図表5−3　資金の小口化

資家にとってはいつでも流通市場で売却することで資金を短期のうちに回収できる一方，企業にとっては発行市場で調達した資金を長期にわたって利用できるということである。この二つの機能によって，前述した投資家の相反するニーズは調整されているのである。

　証券市場のうち，株式市場にはさらに「コーポレート・ガバナンス機能」が備わっている。この機能は，「企業統治」ともよばれ，企業の経営者に適切な経営を促す仕組みのことである。その仕組みの一つとして，株式流通市場における株価の動きがあげられる。

　まず，株価の動きは，株式で調達した当初の資金には何ら影響を及ぼさない一方で，その株式会社の評価や評判を表していると考えられている。ある株式会社について，多くの投資家に今のままでは利益を生み出す見込みがないと判断されれば，その株式会社の株式は売られるため，株価は下がる。もし株価が大きく下がり続けた場合，その株式会社の時価総額は小さくなり，企業買収を仕掛けられるリスクが高まる。企業買収とは，買収対象の株式会社が発行する株式を買い占めることで，その会社の経営権を支配することを意味する。もし経営権を握られれば，買収された会社の経営者は責任を取らされて追い出されるかもしれない。したがって，経営者は自身の立場を守るためにも企業の評価や評判を高めるような経営をするように動機づけられる（促される）のである。

　また，株価が下がり続けた場合の影響として，増資をしても十分な資

金を集められないという問題が起こりうる。このような場合，たとえ経営者が有望な新規事業を考えたとしても，資金面で断念せざるをえない。したがって，株価の動きは，資金調達の面においても重要である。

4 証券会社の業務

　証券会社は，主に証券に関する業務を取り扱う株式会社であり，銀行と並ぶ代表的な金融仲介機関の一つである。証券市場における証券会社の主な役割は，情報の収集と伝達にある。例えば，発行市場では誰が資金を調達したいのか，また誰のところに資金が余っているのかといった情報が必要不可欠である。また，流通市場では誰がどの証券をいくらで売買したいのかといった情報がなければ，投資家同士の売買は成り立たない。証券会社はこれらの情報を収集し，証券による資金調達を求める企業や証券の売買を希望する投資家などに伝達している。なお，投資家は金融商品仲介業者を通して，証券会社と取引することもできる。仲介業者の例として，郵便局や会計事務所などがあげられる。

　証券会社の代表的な業務は四つある。発行市場における業務として証券の引受・売出を行う「アンダーライター業務（アンダーライティング）」と証券の募集・売出を行う「ディストリビューター業務（セリング）」がある。また，流通市場における業務として，証券の委託売買を行う「ブローカー業務（ブローキング）」と証券の自己売買を行う「ディーラー業務（ディーリング）」がある。なお，アンダーライター業務を営むものはそのままアンダーライターとよばれ，ここでは証券会社のことを指している。同様に，証券会社はそれぞれの業務を営むものとして，ディストリビューター，ブローカー，ディーラーなどとよばれる。

図表5－4　証券会社の業務

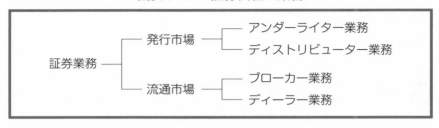

(1)　発行市場における業務

　アンダーライター業務とディストリビューター業務は，発行市場における資金調達に関する業務である。前者が証券の引受・売出を行うのに対して，後者は証券の募集・売出を行っている。二つの業務の大きな違いは，証券による資金調達を保証しているかどうか，また証券会社自身がリスクを負っているかどうかの二つにある。なお，引受と募集は新しく発行される証券を取り扱うのに対して，売出はすでに発行されている証券をあたかも新しく発行された証券のように取り扱うという違いがある。以下では，引受と募集についてそれぞれ説明しているが，売出についても同様の説明があてはまる。

①　アンダーライター業務（アンダーライティング）

　アンダーライター業務は，資金調達のために発行された証券を一旦引き受け，それを投資家に販売する業務である。また，資金調達を計画している企業などに対して，証券の発行条件に関する情報を収集し，助言する業務も行っている。発行条件の例として，株式であれば発行価格，また債券であれば利率や満期までの期間があげられる。

　証券の引受の仕方は，「残額引受」と「買取引受」の二つに大別され

図表5－5　アンダーライター業務

る。残額引受は，証券の販売が不調に終わり，売れ残った場合に証券会社が買い取る方法である。一方，買取引受は証券会社が証券を最初に取得し，それを販売する方法である。いずれの方法にせよ，アンダーライターは証券による資金調達を保証している一方で，引き受けた証券が売れ残るというリスクを負っている。企業にとっては，確実に資金調達ができる代わりに，リスクに見合った対価（手数料）を支払う必要がある。

②　ディストリビューター業務（セリング）

　ディストリビューター業務は，企業などから証券の販売委託を受けて，投資家に証券を販売する業務である。アンダーライターと異なり，あくまでも証券の販売を代行しているだけであり，たとえ売れ残ったとしても証券を引き受けない。したがって，ディストリビューターは資金調達を保証しておらず，売れ残るというリスクを負っていない。

(2)　流通市場における業務

　ブローカー業務とディーラー業務は，流通市場における証券の売買に関する業務である。前者が証券の委託売買を行うのに対して，後者は証券の自己売買を行っている。二つの業務の大きな違いは，発行市場における業務と同様に，証券会社自身がリスクを負っているかどうかにある。

図表 5 − 6　ブローカー業務

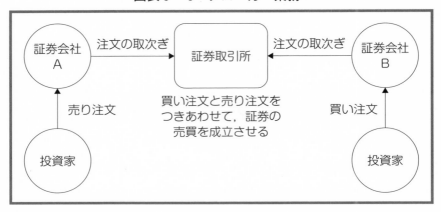

①　ブローカー業務（ブローキング）

　ブローカー業務は，顧客である投資家から証券の注文を受け，その注文を証券取引所に取り次ぐ業務である。証券取引所は，各証券会社から送られてきた注文情報を集約し，買い注文と売り注文をつきあわせることで取引を成立させている。したがって，ブローカーは投資家と証券取引所の仲介役として機能しており，証券の売買に伴う価格変動リスクなどを負っていない。また，仲介の見返りとして投資家から委託手数料を徴収している。

②　ディーラー業務（ディーリング）

　ディーラー業務は，証券会社自身が投資家となって，自己の資金で証券の売買を行う業務である。ディーラーは，証券の売買を通して利益を追求したり，あるいは証券を一時的に保有し，投資家からの売買に応じたりしている。証券会社は，当然証券の売買に伴う価格変動リスクなどを負っている。

＜参考文献＞

池尾和人『現代の金融入門［新版］』筑摩書房，2010年。

大村敬一・俊野雅司『証券論』有斐閣，2014年。

川北英隆『テキスト株式・債券投資〈第2版〉』中央経済社，2010年。

榊原茂樹・城下賢吾・姜喜永・福田司文・岡村秀夫『入門証券論［第3版］』
　　有斐閣，2013年。

安田嘉明・貞松茂・林裕『金融入門〔改訂版〕』税務経理協会，2014年。

第6章

証券取引所の仕組み

1 証券取引所とは何か

　証券取引所とは，証券市場のうちの流通市場において中核的な役割を果たしている金融仲介機関である。第5章で説明したとおり，流通市場は，すでに発行されている証券がさまざまな投資家同士によって売買される場である。証券取引所は，主にこれらの投資家が出す注文情報を証券会社を通して集約することで，円滑な売買を実現している。なお，本章では証券取引所で主に売買される株式を中心に説明する。

　流通市場の役割と同様に，証券取引所の基本的な役割は「流動性の保証」と「価格発見機能」である。流動性の保証とは，証券取引所に多くの投資家からの注文を集めることで，取引が成立しやすい状況を確保することである。また，価格発見機能とは，さまざまな情報を有する投資家の買い注文と売り注文を集めることで，適正な価格（合理的な価格）がつけられるということである。これは，特定の少数の投資家によってつけられた価格よりも，不特定多数の投資家による競争売買を通じてつけられた価格の方が理にかなっているという考えである。

　証券取引所で取引される証券は「上場」しているものに限られる。上場とは，「上場基準」を満たした証券が証券取引所の売買対象として認められることを指す。特に，株式会社の新規上場は，「新規株式公開（IPO）」とよばれ，多くの投資家に注目される。株式公開における上場基準の例として，上場時における株主数，株式数や時価総額などがあげられる。また，それ以外にも企業経営が適切に行われているかなどについても評価される。証券取引所は，これらの基準や評価にもとづいて審査を行う。審査をクリアした企業は，証券取引所の売買対象のリストに

追加され，「上場企業」とよばれるようになる。逆に，すでに上場している企業が上場基準を満たさなくなった場合は「上場廃止」，すなわち売買対象のリストから除外されうる。

　企業が証券取引所に上場し，株式を公開するメリットとして，株式市場の幅広い投資家から資金を調達できるようになること，また上場基準をクリアしたことによって，企業の社会的な信用力が高まるといったことがあげられる。逆に，株式公開のデメリットとしては，多くの株主のために経営することが求められるため，経営者の経営責任や説明責任が重くなること，また敵対的な企業買収を仕掛けられるリスクがあるといったことがあげられる。

　日本の証券取引所は，日本取引所グループ傘下の東京証券取引所（東証）が中心になっている。それ以外としては，札幌，名古屋，福岡にも証券取引所が設立されているが，実際には上場企業の大半が東京証券取引所に上場している。なお，かつて存在した大阪証券取引所の株式市場は 2013 年に東京証券取引所と統合し，引き継がれた。

　また，各証券取引所にはいくつかの区分が設けられている。例えば，東京証券取引所は市場第一部，市場第二部，マザーズ，JASDAQ（ジャスダック）などに分けられており，上場基準が異なっている。市場第一部は最も上場基準が厳しい一方で，マザーズやJASDAQは上場基準が比較的緩く，成長性は高いが財務面で不安が残るようなベンチャー企業にも上場への道を開いている。

　なお，株式会社は，国税庁の 2017 年度の標本調査結果によると，日本全国で約 250 万社あるとされているが，そのうち実際に上場している企業は約 3,700 社（2020 年 3 月時点の東京証券取引所）に過ぎず，1％にも満たないのである。

図表6−1　全国の証券取引所

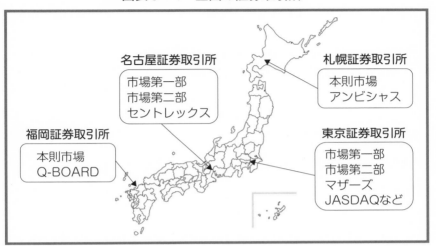

② 証券取引所における取引の仕組みと決済

　証券取引所における取引には，一定のルールがある。ここでは，基本的な(1)　取引時間，(2)　注文方法，(3)　取引の原則，(4)　売買の成立方法，(5)　制限値幅，(6)　売買成立後の決済方法について順番に説明する。なお，ここで説明されるルールは，東京証券取引所の売買制度に基づいており，その中でも通常の取引方法（立会取引）を中心に説明する。

(1)　取 引 時 間

　証券取引所における株式の売買は主に「立会取引」で行われる。立会取引は，日本の場合，平日の午前9時から11時30分までと午後12時30分から15時までの間で行われる取引のことである。これらの時間帯

図表6-2　立会取引の取引時間

は「立会時間」とよばれ，さらに午前の取引時間は「前場（ぜんば）」，午後の取引時間は「後場（ごば）」とよばれる。なお，前場と後場の間の時間帯はお昼休みになっている。また，取引開始時点である午前9時と午後12時30分は「寄り付き」とよばれる。同様に，取引終了時点である午前11時30分は「引け」，午後15時は「大引け」とよばれる。寄り付きと（大）引けでは通常，その時点までに出された買い注文と売り注文がつきあわされ，一定のルールに従って，値がつき約定（売買が成立）する。一方，寄り付きと（大）引けを除く時間帯のことを「ザラ場」とよぶ。この時間帯では通常，投資家から出された注文が一定のルールに従って次々と約定し，価格が動いていく。さらに，立会時間のうちで最初についた価格のことを「始値（はじめね）」，最も高い価格のことを「高値（たかね）」，最も低い価格のことを「安値（やすね）」，最後についた価格のことを「終値（おわりね）」とよぶ。

　また，立会取引以外の場として，「立会外取引（時間外取引）」がある。こちらの場は，株価に大きな影響を及ぼすような大口の注文に適しており，主に機関投資家などによって利用される。例えば，東京証券取引所では，立会外取引の場として「ToSTNeT（トストネット）」とよばれる電子取引システムが整備されている。また，証券取引所以外の場として，証券会社が運営する「私設取引システム（PTS）」や双方の合意によって取引が成立する相対売買などがある。

図表6−3　株式流通市場の構成

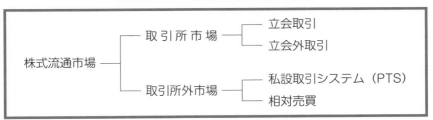

(2)　注 文 方 法

①　注 文 控 え

　注文控えとは，投資家が出した注文情報を集約した表のことであり「板情報（板）」とよばれる。この表は，さまざまな投資家の買い注文と売り注文の状況を端的に値段と数量のみで表している。例えば，図表6−4は立会時間中のある銘柄（株式）の注文控えである。表の見方は，中央の列が値段，左の列が売り注文の数量，右の列が買い注文の数量を表している。投資家はこのような注文控えを銘柄ごとに見ることができる。なお，ここでの値段は「呼値（よびね）」ともよばれる。

②　注文の種類

　投資家が出す注文は，証券会社を通して，証券取引所の注文控えに集められる。注文の出し方には，基本的な「指値注文」と「成行注文」の二つがある。指値注文は，投資家が取引したい値段を指定することができる注文方法である。注文控えは，主にこの指値注文の集まりであり，注文が執行されて約定（売買が成立）するか，あるいはキャンセルされるまで注文は残り続ける。一方，成行注文は，値段を指定しないで注文する方法である。どの値段でもよいので買いたいあるいは売りたいとい

図表６－４　注文控え（板）

売り注文（株）	値　段	買い注文（株）
	成　行	
500	708円	
1,000	707円	
1,500	705円	
	701円	600
	700円	1,000
	699円	800

う場合に利用され，取引相手がいる限りにおいて即座に約定される。それぞれの注文の短所として，まず指値注文は株価の動きによっては取引が成立しないことがある。また成行注文は思わぬ高値買いあるいは安値売りになってしまうことがある。

③　注　文　価　格

投資家が出す注文価格には最小単位の刻み幅があり，これを「呼値（よびね）の単位」とよぶ。刻み幅は証券取引所によって定められており，株式の値段の水準などによって異なっている。例えば，株価水準が3,000円以下の銘柄の場合，呼値の単位は通常1円である。また，3,000円超5,000円以下の場合は5円である。この場合，投資家は3,100円，3,105円，3,110円といったように5円刻みでしか注文できない。

④　売　買　単　位

投資家が売買できる株数にも最小単位があり，これを「売買単位（単元株）」とよぶ。現在の東京証券取引所は，売買単位を100株に統一しており，投資家は100株単位で注文を出すことができる。なお，株主の権利である議決権は1単元ごとに1個与えられる。

(3)　取引の原則

　証券取引所における売買は，「オークション方式」とよばれる競争売買によって行われる。この方式には，「価格優先の原則」と「時間優先の原則」という二つの取引の原則がある。

　まず，価格優先の原則は，買い注文と売り注文をつきあわせた時に価格で取引の優先順位を決めることである。買い注文の場合は値段が高い注文から優先的に，また売り注文の場合は値段が安い注文から優先的に取引が成立していく。例えば，注文控えに700円と701円の2つの買い指値注文がある場合，高くても買いたいという701円の買い注文が優先され，取引が成立していく。同様に，705円と707円の売り指値注文がある場合，安くても売りたいという705円の売り注文が優先され，取引が成立していく。

　次に，時間優先の原則は，同じ値段に買い注文あるいは売り注文が複数ある場合に，注文時間で取引の優先順位を決めることである。例えば，指値705円に600株（午前9時30分に注文）と900株の売り注文（午前10時に注文）があり，ここに1,000株の買い注文が入ったとする。指値705円の売り注文の数量は計1,500株であるが，まず前者の600株が優先され，取引が成立する。その後，残りの400株の買い注文は後者の900株のうちの400株と取引が成立することになる。

(4)　売買の成立方法

　立会取引におけるオークション（競争売買）は通常，「板寄せ方式」と「ザラバ方式」の二種類の方法で取引が行われる。板寄せ方式は，立会

時間における取引の開始時（前場と後場の寄り付き）と終了時（引けと大引け）の売買を成立させる方法である。板寄せ方式では前述の時間優先の原則は適用されず，すべての注文が同時に出されたとみなされる。一方，ザラバ方式はその名のとおり，ザラ場の時間帯における売買を二つの取引の原則にしたがって成立させる方法である。

①　板寄せ方式

　まず，板寄せ方式における始値の決定方法について見ていく。図表6－5は，取引が始まる前（寄り付き前）の注文控え（板）を表している。ここから最初の取引価格を決定するわけであるが，買い注文と売り注文が同じ値段にあったり，買い注文の値段よりも安い売り注文があったりするなどごちゃごちゃしている。この注文状況から最も都合のよい取引価格を見つけていくわけであるが，成行注文を含めた注文の累計数量から特定するのが簡単である。累計数量は，買い注文は上から下に，逆に売り注文は下から上に累計している。ここで注目すべきところは，買いと売りの累計数量が一致あるいは逆転しているところである。この図表では，705円の価格のところで買い注文と売り注文の累計数量が一致し

図表6－5　寄り付き前の注文控え（板）

累計（下から上）	売り注文(株)	値段	買い注文(株)	累計（上から下）
	2,000	成行	2,500	
5,500	500	708円		2,500
5,000	1,000	707円	500	3,000
4,000	1,500	705円	1,000	4,000
2,500	500	703円	2,000	6,000
2,000		702円	1,000	7,000
2,000		700円	500	7,500

ている。この705円は最初の取引価格として最も都合がよく，4,000株の買い注文と売り注文は全てこの価格で取引されることになる。その結果，寄り付き後の注文控えは図表6－6のようになる。

　なお，より正確には，板寄せ時の取引価格は少なくとも次の三つの条件を満たす必要がある。(i)　成行注文がすべて約定（売買）できる，(ii)　取引価格よりも高い買い注文と安い売り注文のすべてが約定（売買）できる，(iii)　取引価格において，買い注文と売り注文のいずれか一方のすべてが約定（売買）できる，の三つである。前述の例の取引価格（705円）はこの条件をすべて満たしている。

図表6－6　寄り付き後の注文控え（板）

売り注文（株）	値　段	買い注文（株）
	成　行	
500	708円	
1,000	707円	
	703円	2,000
	702円	1,000
	700円	500

②　ザラバ方式

　次に，ザラバ方式における売買について見ていく。図表6－7は，始値が決定されて（寄り付き後）から一定時間経過した後のザラ場中の注文控え（板）である。ここでの注文控えは，説明のために注文時間ごとに数量を分けており，値段の内側に近いほど時間的により早く出した注文とする。ザラ場中は，新しい注文が入るたびに注文控えが更新され，また買い注文と売り注文が合致するごとに取引が成立していく。

図表6－7　ザラ場中の注文控え（板）

売り注文（株）	値　段	買い注文（株）
	成　行	
500	708円	
300，700	707円	
900，600	705円	
	701円	100，200，300
	700円	400，600
	699円	800

　例えば，この注文控えに指値700円で1,000株の売り注文が新たに入ったとする。まず注文控えで待機している指値701円の買い注文の計600株と取引が成立する。次に，残り400株については700円の買い指値注文の400株と取引が成立する。株価は，この取引が成立した時点で700円となり，取引開始時点の705円から5円下がっていることになる。

　このような形で取引が成立するのは，売り注文の指値が700円であったとしても，投資家にとってより高い価格である701円で売れる方が都合がよいからである。また，買い注文の指値700円よりも701円の注文を優先するという価格優先の原則が適用されている。同様に，同じ指値700円でも先に注文された400株の注文を優先するという時間優先の原則が適用されている。

(5)　制限値幅

　証券取引所では，一日に動く株価を一定の幅に制限しており，その幅のことを「制限値幅」とよぶ。株価は，前述のオークション（競争売

買）を通して変化していくが，極端に株価が上下すると投資家に大きな影響を与える恐れがある。そこで，一日の価格変動を抑制することで，その影響を和らげている。例えば，前日の終値が750円の場合，当日の制限値幅は150円と定められている。この場合，当日の取引は600円から900円の範囲内でのみ成立し，株価はどんなに下がっても600円までしか下がらない。同様に，どれだけ株価が上がったとしても900円までしか上がらない。このように株価が制限値幅の下限に達することを「ストップ安」，逆に上限に達することを「ストップ高」とよぶ。

(6)　売買成立後の決済方法

株式の売買が成立すると，株式を買った投資家は代金を支払い，逆に売った投資家は株を引き渡す必要がある。このような代金の支払いと株の受け渡しを行うことを「決済」とよぶ。証券取引所では，一日に大量の注文を処理していることから，決済を効率的に行う仕組みが整えられている。その仕組みの中心となる機関が「日本証券クリアリング機構（JSCC）」と「証券保管振替機構（ほふり）」である。ほふりは，株式の口座を取り扱っている機関であり，証券会社やJSCCなどはほふりに口座を開設している。なお，証券会社の顧客である投資家は，それぞれの証券会社に口座を開設している。

ここでは証券会社間の決済の仕組みについて説明する。まず，JSCCは顧客（投資家）からの売買を請け負っている証券会社ごとに受け取り代金と支払い代金の差額を求める。同様に，同じ銘柄の購入株数と売却株数の差額を求める。次に，各証券会社の株式や代金の差額分のみをJSCCを経由してやりとりする。株式の受け渡しについては，ほふりに

開設している口座間の振替によって，また代金の差額については日本銀行などに開設している預金口座の振替によって行われる。このように各証券会社の株式や代金の差額分は，証券会社同士で直接やりとりするのではなく，JSCCが仲介することによって解消される。この差額分についてのみ決済する仕組みは，「ネッティング」とよばれる。証券取引所が投資家からの売買情報を集約し，円滑な売買を実現しているのと同様に，JSCCは決済に関する情報を集約し，円滑な決済を実現しているのである。

　なお，実際の決済は取引成立後から2営業日後に行われる。例えば，月曜日に株式を購入した場合，2営業日後である水曜日に代金を支払い，株式を受け取ることになる（現在，株式は電子化されているため，実際に株券の現物を受け取ることはない）。この購入日と決済日のずれは，特に株主の権利を確定するための日（権利確定日）において重要である。例えば，

図表6−8　証券会社間の株式の決済

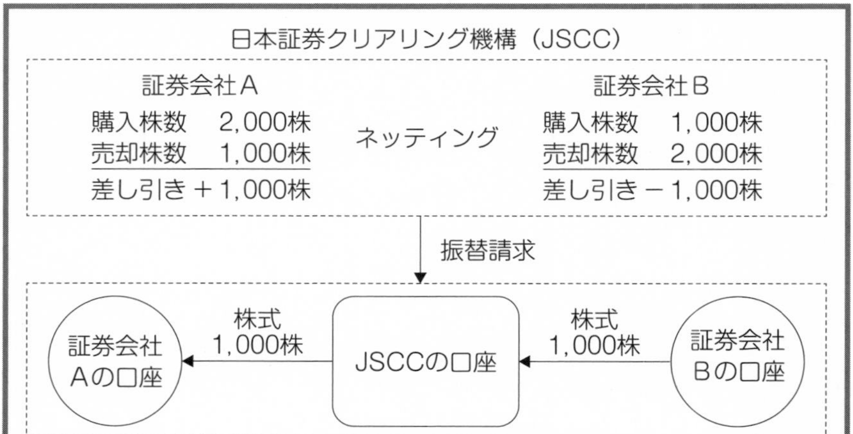

ある株式の権利確定日が 31 日の場合，配当や株主優待などの権利を得るためにはその 2 営業日前までにその株式を購入する必要があるということである。

　また，ほふりは前述の株式の受け渡しの他に，株主の情報を集約する役割を担っている。具体的には，各証券会社などから株主の情報の報告を受けて，株式の発行会社にその情報を通知している。発行会社は，この情報に基づいて株主名簿を作成し，株主総会の招集通知や配当金の支払いなどに利用している。

3 株 価 指 数

　株価の動きは，新聞，テレビ，インターネットなどでよく報道されており，特に目にする機会が多いのは「日経平均株価（日経 225）」と「東証株価指数（TOPIX）」の二つである。これらは，日本の株式市場全体の動きを表す代表的な指標であり，「株価指数」とよばれている。また，日本経済の動向を表す重要な経済指標としても注目されている。なお，米国株式市場における代表的な株価指数には「ダウ平均株価（DOW 30）」がある。

　日経 225 は，東京証券取引所の第一部上場銘柄のうち，日本経済新聞社によって選ばれた 225 社から算出した株価指数である。例えば，現在ソフトバンクグループやユニクロを展開するファーストリテイリングなどが選ばれている。また，計算方法は 225 社の株価の単純平均であることから，値がさ株（株価水準が高い銘柄）の影響を受けやすいという特徴がある。なお，日経 225 の構成銘柄は定期的に入れ替えられている。

　TOPIX は，東京証券取引所の第一部上場銘柄すべてから算出した株

価指数であり，1968 年 1 月 4 日の時価総額を 100 として計算されている。日経 225 と異なり，時価総額にもとづいて計算されていることから，大型株（時価総額が大きい銘柄）の影響を受けやすいという特徴がある。

＜参考文献＞

大村敬一・俊野雅司『証券論』有斐閣，2014年。

川北英隆『テキスト株式・債券投資〈第2版〉』中央経済社，2010年。

榊原茂樹・城下賢吾・姜喜永・福田司文・岡村秀夫『入門証券論［第3版］』有斐閣，2013年。

中島真志『入門企業金融論：基礎から学ぶ資金調達の仕組み』東洋経済新報社，2015年。

安田嘉明・貞松茂・林裕『金融入門〔改訂版〕』税務経理協会，2014年。

＜参考URL＞

日本証券クリアリング機構ホームページ　https://www.jpx.co.jp/jscc/

日本取引所グループホームページ　https://www.jpx.co.jp/

第 7 章

保険の基礎理論

1 保険の仕組み

　保険は未来の偶然事故を契約の対象とする制度である。そこで素朴な疑問が浮かんでくる。それは，保険会社はどのようにして未来の偶然事故を契約の対象として引き受けることができるのかということである。どの家が火災に遭うのか，どの自動車が事故を起こすのか，誰がいつ死ぬのかといったことは全くの未知数である。この問題を解決するために，保険制度は確率論を応用している。すなわち，大数の法則とよばれているものがそれである。家庭生活や企業活動に支障を与える可能性のある偶然事故は，これを個別に観察するかぎりおいては全く偶然に発生しているとしか思えない。しかし，同じような出来事を大量に観察していくと，そこにある確率が見出されるというのが大数の法則である。例えば，火災に遭った家を一軒だけ眺めていても，そこからは何もわからないが，火災という出来事を大量に観察してみると，ある確率の下で火災が発生していることがわかるというものである。

　この大数の法則を説明するためによく引き合いに出されるのがサイコロの話である。サイコロを振って 1 の目が出る確率は 6 分の 1 である。サイコロには面が六つしかないので，至極当然の結論である。しかし，サイコロを 6 回振ってみると必ず 1 の目が 1 回出るというわけではなく，2 回出ることもあれば全く出ないこともある。しかし，確率は 6 分の 1 である。これを証明するためには，サイコロを振る回数を限りなく増やしていけばよいのである。サイコロを振る回数を 100 回，1,000 回，10,000 回と増やしていけば，各々の目が出る確率は 6 分の 1 に近づいていくのである。このことから，一見偶然に起こっているとしか思えな

いような出来事も，それを大量に観察していくとそこにある確率が見出され，その数値は信頼できるものであるということがわかる。つまり，火災や自動車事故や人間の死亡といった偶然事故も，これを事故発生率や死亡率という数字によって予測することができるということである。この数字に基づいて，保険会社は保険制度を維持するために必要なさまざまな計算をすることができるというわけである。

　このようにして未来の偶然事故を予測する確率が手に入れば，これに基づいて保険契約の際に必要な保険料を合理的に算出することができるのである。保険契約の締結にあたっては，保険契約者（＝保険に加入する者）は保険会社に一定の保険料の支払いが義務づけられている。私たちが保険会社に支払う保険料は，将来の保険金支払いの財源となる純保険料と，保険会社の営業費となる付加保険料の合計額であるが，ここでは純保険料と事故発生時に保険会社から受け取る保険金との関係を，次のような公式で考えてみよう。すなわち，「保険加入者数×ひとりあたりの純保険料＝事故発生件数×ひとりあたりの保険金」という公式である。この公式を収支相等の原則という。簡単な例をあげて説明してみることにする。ある地域に1,000万円相当の家が1,000軒あるとする。この地域の火災発生件数は年間2件（＝全焼）であるとする。さらに，この地域の人たちは全員同じ損害保険会社と保険金額1,000万円の火災保険契約を締結しているとする。すると先の公式は次のようになる。

保険加入者数×純保険料＝事故発生件数×保険金
1,000（人）　×2（万円）＝　2（件）　×1,000（万円）

　この公式が意味するものは，ひとり2万円の純保険料を負担することで，万一の場合は保険会社から1,000万円の保険金を受け取ることがで

きるということである。保険制度のことを「小さな負担で大きな補償
（保障）」という言葉で説明されることがあるのはこのことである。

　ところで，保険制度について「保険に入ってもめったに事故など起こ
らないので，純保険料を支払うのがばからしい。」というふうに考えて
いる人が少なくない。いわゆる「保険は掛け捨てだから損だ。」という
考え方である。この「掛け捨て」という言葉は，純保険料を支払っても
実際に保険金を受け取るのは事故に遭った人たちだけなので，事故に遭
わなかった人たちは支払った純保険料が無駄になってしまうという意味
で使われることが多いが，果たして「保険はばからしい」のだろうか。
実は，理論的には，保険制度は決して掛け捨て（＝損）にはなっていな
いのである。このことを先の収支相等の原則の公式を変形して考えてみ
ると，

$$純保険料 = \frac{事故発生件数}{保険加入者数} \times 保険金$$

となる。これはすなわち，「純保険料＝事故発生率×保険金」というこ
とであり，純保険料が事故発生率の大きさに基づいて算出されていると
いうことである。したがって，事故発生率が大きければ純保険料は高く
なり，事故発生率が小さければ純保険料は安くなるというもので，この
ことから純保険料が合理的に算出されていることがわかる。20歳の男
性と50歳の男性が全く同じ保障内容の生命保険に加入する場合，50歳
の男性の方が純保険料が高くなるのは，20歳の男性より50歳の男性の
方が死亡率が大きいからである。このことから，純保険料が合理的に算
出されている必要コストであることが理解される。収支相等の原則の公
式を変形させたこの公式を給付反対給付均等の原則といい，その意味す

るところは，個々の保険契約者が負担している純保険料は，火災・自動車事故・死亡といった同一のリスクにさらされている人たちの間で，リスクの大きさに見合う分担額を負担しているということである。この純保険料を負担することによって，万一の場合は十分な補償（保障）を受けることが約束されていることが重要なことであり，誰が保険金を受け取ったかは結果論に過ぎないのである。

　また，保険制度を「掛け捨て（＝損）だ」と思っている人たちの誤解の原因のひとつに，保険契約を自分と保険会社との１対１の契約だと錯覚していることがあげられる。保険契約は同一のリスクにさらされている人たちが保険団体を形成して，各々のリスク分担額を純保険料というかたちで負担するという社会的分担機構なのである。いわば１対多（＝保険会社と同一リスクの保険加入者全体）の契約である。このように考えていくと，自分が支払っている純保険料の意味も理解されるであろう。

図表７－１　保険の仕組み

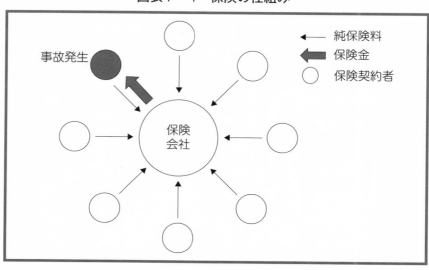

保険制度というのは，いわば「事故に遭わなかった人たちの純保険料で，事故に遭った人たちが救済されるという仕組み」なのである。「掛け捨てになった」と思われている純保険料は，事故に遭った人たちが受け取る保険金の一部になっているのであり，保険契約全体の中ではその役割を果たしているのである。保険制度が「一人は万人のために，万人は一人のために」という言葉で説明される理由もそこにある。

2　保険契約

　私たちの日常生活や企業活動の周りに潜在しているさまざまなリスクを認識し，それに対抗する手段として保険を利用する場合，直接的には「保険契約」というかたちで保険に接することになる。保険契約は一定の偶然事故（火災・自動車事故・病気・ケガ・死亡など）の発生を条件として締結されるものであるが，先にも述べたとおり，保険契約は保険料と保険金というひとつの資金の流れとしてとらえることができる。保険契約においては保険料の支払義務を負う者を保険契約者といい，偶然事故発生の際に契約内容に即して保険金の支払いをなす者を保険者という。一方，偶然事故発生の際に保険金を受け取る者を，損害保険契約では被保険者，生命保険契約・傷害疾病保険契約では保険金受取人という。また，生命保険契約・傷害疾病保険契約においては保険金の支払い条件となる者のことを被保険者といい，被保険者の病気・ケガ・生存・死亡などによって死亡保険金や満期保険金，各種給付金が支払われる。

　損害保険契約，生命保険契約，傷害疾病保険契約の性質を簡潔にまとめると次のようになる。損害保険契約とは，将来の偶然事故の発生が財産上の損害をもたらし，発生した損害の程度に応じて保険金が支払われ

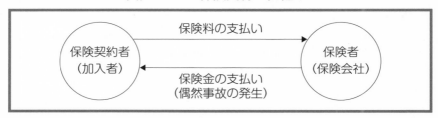

図表7−2　保険契約の仕組み

保険契約者
（加入者）

保険料の支払い

保険者
（保険会社）

保険金の支払い
（偶然事故の発生）

るというものである。例えば，2,000万円相当の家に保険金額2,000万円の火災保険契約を締結した場合，発生した損害が全焼であれば2,000万円の保険金が支払われるが，半焼ならば支払われる保険金も半額の1,000万円となる。すなわち，損害保険契約においては「発生した損害を埋め合わせるにたるだけの保険金を支払う」という考えのもとに保険金の額が算出されるのである。この考え方を「損害塡補」という。

　これに対して，生命保険契約とは，将来の偶然事故の発生が人の生死にかかわるものであり，事故の発生と支払われる保険金との間には直接的な関係はなく，契約時に定められた金額が自動的に支払われるというものである。物保険を基本とする損害保険の場合は，損害額を客観的に評価できるが，人保険である生命保険の場合は，第三者が人の生死を客観的に金銭で見積もることが困難なので，生命保険に加入する本人が自ら金額を設定し，事故発生の際には，その金額が自動的に支払われるという方法に拠らざるをえないのである。生命保険が「定額保険」といわれるゆえんである。

　傷害疾病保険契約の分野に含まれる保険種類は，傷害保険，医療保険，がん保険，介護保険などである。傷害疾病保険は保険金の支払い方法により，人の傷害疾病に基づき，契約時に定められた金額が自動的に支払われる傷害疾病定額保険と，損害塡補の考え方に基づいて実費で支払わ

図表 7 - 3　保険の分類

	第一分野 （生命保険）	第二分野 （損害保険）	第三分野 （傷害疾病保険）
取り扱う 保険会社	生命保険会社	損害保険会社	生命保険会社 および損害保険会社
保険金の 支払方法	契約時に定め られた一定額	実際に生じた 損害額の補償	定額（傷害疾病定額保険） 実損（傷害疾病損害保険）

れる傷害疾病損害保険に分類される。

　ところで，保険契約に際して，私たちには果たさなければならない義務がいくつかある。保険料支払義務，告知義務，通知義務，損害防止義務がそれである。保険契約に際して，保険契約者には，保険会社のリスク負担に対する対価として，保険料支払義務が生じることは前述のとおりである。もしも，保険料の支払いが滞り，一定の猶予期間を経過してもなお保険料が支払われなかった場合は，保険契約が失効することになってしまう。その保険料計算に際して，保険契約者または被保険者の保有しているリスクの大きさが保険料の金額に反映されることは先に述べたが，そのリスクの大きさを保険会社が知るためには，保険契約者または被保険者にリスクの内容を説明してもらわなければならない。これを告知義務という。保険契約者または被保険者はリスク測定に必要な重要事項に関する質問に対して「正しく述べる義務」があり，これに反した場合は告知義務違反となり，保険契約の解除または保険金が支払われていた場合は支払保険金の返還請求がなされる。

　告知義務とならぶいまひとつの義務に通知義務がある。これには事故発生の通知とリスクの変更・増加の通知の二つがある。事故発生の通知は，事故発生の際には速やかに保険会社にその旨を通知することを義務

づけたものであり，リスクの変更・増加の通知は，保険契約期間中にリスクの内容に変更が生じた場合の速やかな通知を義務づけたものである。前者は，事故原因の調査や適切な損害額算出の機会を逸しないためのものであり，後者は，リスクの変更・増加に伴い純保険料の再計算の必要性が生じるからである。これらに加えて，損害防止義務とは損害が拡大する事を防ぐ努力をしたかどうかということであり，損害防止義務を怠った結果として損害が拡大した場合は，損害の拡大を防ぐことができたと認められる金額が損害額から差し引かれることになる。損害防止義務の例としては，人身事故発生時の被害者の安全確保や火災発生時の消火器による初期消火などがあげられる。

　保険は補償（保障）を提供することから「人助け」的なイメージがあるが，保険はあくまでも保険契約者と保険者（＝保険会社）との「契約」であることを認識し，保険契約上の重要事項を理解することが不可欠である。保険契約締結時に保険会社から手渡される約款（あるいはこれを平易に解説した契約のしおり）によって，保険契約者の果たすべき義務や保険会社の責任範囲，保険金が支払われる場合・支払われない場合などを確認しておく必要がある。

3 保険料と保険金

　私たちが保険会社に支払う保険料は正しくは営業保険料とよばれており，すべての保険部門において，将来の保険金支払いの財源となる純保険料と，保険会社の営業費となる付加保険料とから構成されていることは先に述べたとおりである。損害保険における純保険料は事故発生率に損害の程度を加味した予定損害率から算出され，付加保険料は社費や代

理店手数料をまかなうために予定事業費率から算出される。

　一方，生命保険における純保険料は生命表に基づく予定死亡率に，長期保険であるがゆえに必要な予定利率が加味されて算出される。生命保険における予定利率の考え方とは，純保険料の算出にあたって将来の利子分を割り引くというもので，例えば，予定利率 4 ％と仮定すると，純保険料と保険金との関係は次のように表される。

純保険料 ＋ 予定利子 ＝ 保険金
960 ＋ 40 ＝ 1,000

　すなわち，生命保険においては，保険契約者が支払う純保険料は予定利率によって割り引かれた現価となるのである。このことは一方において，生命保険会社にとっては予定利率が資産運用の目標値になることを意味する。生命保険会社が保障業務の他に金融業務を営んでいる理論的根拠がここにある。なお，損害保険会社も積立型損害保険の誕生以降，金融業務の必要性が高まってきた。金融業務は資産運用原則に基づいており，安全性の原則（＝投機的な投資は避ける），有利性の原則（＝安全かつ利益が見込まれる投資対象を選択する），多様性の原則（＝特定の投資対象への集中的な投資は避ける），流動性の原則（＝現金化しやすい投資対象を一

図表 7 － 4　保障業務と金融業務

定割合保つ）という指針である。生命保険会社の付加保険料は損害保険同様に予定事業費率から算出されるが，その内訳は，新契約費・維持費・集金費に大別される。

ところで，生命保険における純保険料算出の際には，いまひとつ技術的な工夫がなされている。純保険料の金額はリスクの大きさ，すなわち死亡率の大きさによって決まるので，死亡率どおりに純保険料を算出すると，人間は年齢を重ねるごとに死亡率が上昇することから，保険契約者は老年に近づくにつれて高額の純保険料を負担しなければならなくなる。また，生命保険会社としても毎年純保険料を算出しなければならないという煩雑さを負うことになる。このような純保険料算出の考え方を自然保険料というが，この方式は種々の点で不便であるので，長期の保険期間中の純保険料が均一となるように，自然保険料の平均化がおこなわれている。この方式を平準保険料といい，これによって生命保険の長期契約が可能になったのである。

保険金の支払い方法も損害保険と生命保険とでは異なっている。損害保険における保険金は，被保険利益（＝保険契約の目的となる人と物との利害関係）の経済的価値であり，被保険者が被る損害の最高見積額を意味する保険価額と，保険会社の損害塡補責任の最高限度額を意味する保険金額との関係から算出される。保険価額と保険金額の関係から生じる損害保険の契約形態は次のとおりである。

全部保険……保険価額＝保険金額
一部保険……保険価額＞保険金額
超過保険……保険価額＜保険金額（ただし超過分は無効となる）

損害保険の保険金の算出は，損害額に保険価額に対する保険金額の割

合を乗じて算出するという，比例填補の考え方が取られている。したがって，この公式

$$損害額 \times \frac{保険金額}{保険価額} = 保険金$$

にあてはめてみると，全部保険は発生した損害額の全額が保険金として支払われるので，最も理想的な契約形態であることが理解されるであろう。これに対して一部保険は保険価額よりも保険金額が小さいので，全額補償が得られないことになる。一部保険の考え方は理論的には何も間違ってはいないのであるが，一部保険の契約者からの不満もあり，実務上では比例填補の緩和がおこなわれている。すなわち，保険価額の80％をめどに保険金額を設定すれば，保険金額を限度として，損害額の全額が補償されることになっている。

$$損害額 \times \frac{保険金額}{保険価額 \times 0.8} = 保険金$$

たとえば，保険価額2,000万円，保険金額1,600万円，損害額1,000万円とすると，比例填補の考え方どおりの公式で算出すれば，保険金は800万円になるが，比例填補の緩和の公式で算出すれば，保険金は1,000万円となるのである。保険価額と保険金額との関係から生じるもうひとつの契約形態である超過保険については，利得禁止の原則（＝保険契約においては不当な利得は認められないという原則）によって超過部分が無効になる。以上，これを要するに，損害保険における保険金の支払いは，保険価額に対する保険金額の割合と発生した損害の程度によって決まり，契約時の保険金額と実際に支払われる保険金の金額とは必ずしも一致し

ないということである。

　一方，生命保険における保険金の支払い方法は，契約時に保険契約者自らが設定した保険金額が，自動的に全額支払われる仕組みであるので，契約時の保険金額と実際に支払われる保険金の金額とは一致する。生命保険は損害保険とは異なり，損害額の客観的な金銭評価が困難であるために，保険価額と保険金額という関係は存在せず，契約時の保険金額があるだけである。損害保険と生命保険という分類は保険法上の分類であるが，保険金の支払い方法という視点で分類するならば，損害保険に対する概念は定額保険である。

4　販売チャネル

　伝統的な保険の販売チャネルは，損害保険は代理店，生命保険は営業職員である。損害保険と生命保険とで販売チャネルが異なる理由は，損害保険と生命保険に対するリスク認識の違いがあるからである。損害保険の対象となるリスクは比較的認識しやすいものが多いので，顧客自ら代理店に足を向けることになる。自動車の運転免許を取得して自動車の運転をするようになれば，万一に備えて強制加入の自動車損害賠償責任保険に加えて任意の自動車保険にも加入するであろうし，マイホームを建設すれば，万一に備えて火災保険や地震保険に加入するといった具合である。一方，生命保険の取り扱う死亡リスクは「縁起でもない出来事」として潜在化しがちになる。そこで，リスクを顕在化させるために生命保険会社の方から顧客にアプローチする必要があるので，営業職員の存在が不可欠となるのである。

　平成8（1996）年の保険業法改正時に導入されたのが保険ブローカー

である。保険ブローカーとは，顧客からの依頼を受けた際に中立の立場で保険契約の仲介をなすものであり，代理店や営業職員とは異なり，特定の保険会社と利害関係を持たないところが特徴である。

　代理店・営業職員・保険ブローカーは顧客と直接向き合う販売チャネルであるが，最近ではこの人的要素を排除した新しい販売チャネルが広がりを見せている。DM・TVCM・新聞雑誌広告を見て顧客自らが申し込む方法や，インターネットのホームページから申し込む方法などがそれである。これらの販売チャネルに共通していることは，人的要素を排除していることから人件費がかからないぶん付加保険料部分を削減することができるので，保険料が割安になるということである。

　また，平成9（1997）年の保険審議会で保険業の見直しが検討された際に，顧客の利便性に応えるために銀行窓販が認められ，平成12（2000）年から取扱商品が順次解禁されていった。銀行にとってのメリットは手数料収入の増大であり，顧客にとってのメリットはワンストップショッピングによる利便性である。さらに，ショッピングプラザなどに出店している来店型保険ショップなど，販売チャネルが多様化している。

　販売チャネルの多様化によって顧客の選択肢も広がってきたが，大別すれば人的要素を重視したものと，保険料の低廉化を謳ったものに分けられる。俗に保険業は「人と紙の産業」といわれるように，一般的に保険知識に乏しい顧客に対しては，適切な情報提供と十分な説明が必要である。このことは人的要素を排除した販売チャネルにおいても同様である。

＜参考文献＞

赤堀勝彦『リスクマネジメントと保険の基礎』，経済法令研究会，2003年。

大串敦子・日本生命保険生命保険研究会編『解説　保険法』，弘文堂，2008年。

下和田功編『はじめて学ぶリスクと保険』，有斐閣ブックス，2004年。

林　裕『保険の基礎知識』，税務経理協会，2015年。

吉澤卓哉『保険の仕組み』，千倉書房，2006年。

第**8**章

保 険 経 営

１　経営形態の基本分類

　保険事業を経営主体別に分類すると，個人保険，会社保険，組合保険，国営保険というかたちで整理することができる。個人保険とは，保険の歴史の初期の段階でみられた形態で，個人の保険業者が保険の引受を行うものであるが，現在ではこの形態がみられるのはイギリスのロイズ（Lloyd's）保険市場だけである。この個人保険と会社保険ならびに組合保険が私営保険といわれるもので，国営保険は公営保険である。

　わが国における保険事業の経営主体は，株式会社形態の保険会社，相互会社形態の保険会社，協同組合を母体とする各種共済，国営保険としての社会保険に分類される。株式会社形態の保険会社は，損害保険会社全社，生命保険会社，外資系保険会社，かんぽ生命，少額短期保険業者であり，相互会社形態の保険会社は朝日生命・住友生命・日本生命・富国生命・明治安田生命の５社（令和２年１月現在），協同組合を母体とするものには，JA共済・こくみん共済（＝全労済），県民共済・CO-OP共済などがある。

２　相互会社

　相互会社は保険業法に基づいて設立される保険業にのみ認められている企業形態であり，その法的性格は営利も公益も目的としない中間法人とされている。相互会社が法的には非営利保険の範疇に属しているのは，相互会社が組合保険からから派生した企業形態であることに由来している。組合保険は本来，組合員の相互扶助を目的としたものであるので，

営利保険とは異なる性格と位置づけられているのである。相互会社は組合保険から派生し，会社保険に牽引されるかたちで発展してきたものである。

　したがって，相互会社の構成員は保険契約者たる社員であり，意思決定も平等に一人一票の議決権が与えられ，社員総会において構成員自治が貫徹されることになる。しかし，今日の相互会社は大量の保険契約者を保有しており，その規模の拡大に伴って，社員総会は実質的に開催不可能となっている。そこで，これに代わる意思決定機関として社員総代会が設けられている。

　相互会社を設立するにあたっては，基金拠出者から基金を募り，これをもって事業資金とするが，この基金は後に剰余金で償却されるので，相互会社の経営が軌道に乗り，基金が償却されたあとは，保険契約者たる社員のみを構成員とする企業形態が完成することになる。損益も保険契約者たる社員に帰属し，剰余金は保険契約者たる社員に配当される。このように，相互会社は株式会社とは異なる特徴をもった企業形態ととらえることができるが，その実態をみてみると，理念的な問題はともか

図表 8 - 1　株式会社と相互会社

	株式会社	相互会社
設立法規	会社法	保険業法
法的性格	営利法人	中間法人
構　成　員	株　　　主	保険契約者（社員）
議　決　権	一株一票	一人一票
意思決定機関	株主総会	社員総（代）会
事業資金	資　本　金	基金（後に償却）
損益の帰属	株　　　主	保険契約者（社員）

くとして，株式会社とほとんどかわらない姿である。

　相互会社は組合保険から派生したことから，本来，組合員の無限責任と組合員による構成員自治を柱とする相互主義理念が貫かれているべきである。しかし，今日の相互会社は支払保険料を限度とする有限責任となっており，社員総代会も経営陣主導型で運営されているというのが実態である。相互会社が相互会社本来の機能を有していたのは，企業規模の小さかった歴史的にごく初期の段階に限られ，規模の拡大とともに相互主義理念が形骸化し，実質的には株式会社とほとんど変わらない，あるいは，株式会社よりも徹底した経営者支配の企業形態となっていったのである。

　私たちが保険契約に臨むにあたって，株式会社形態の保険会社を選択するか，相互会社形態の保険会社を選択するかによって，保険契約そのものの内容に大きな違いが生じることはないが，保険契約者としての企業形態上の位置づけは大きく異なっている。株式会社の場合，保険契約者は企業形態の外に位置づけられ，保険契約を介してのみかかわることになるが，相互会社の場合は企業形態の中に位置づけられているのである。

　ところで，相互会社は株式会社に比べて資金調達面で機動性に欠けるところがあり，この点がバブル崩壊後の逆ざやの発生によって財務体質の悪化を招いた一因となったとの指摘から，バブル崩壊後に相互会社を株式会社に組織変更する動きが加速した。相互会社を株式会社化するにあたっては，保険契約者ひとりひとりの寄与分計算に基づく株主の創造をおこなうという方法がとられる。すなわち，保険契約期間や払込保険料総額にみあった株式数を配当して，保険契約者に株主になってもらうというものである。相互会社の株式会社化によって，資金調達力の強化，

持株会社を使った積極的な事業展開，コーポレートガバナンス機能の強化といったメリットが見込まれる反面，株主の創造に膨大な時間とコストがかかることや，利益配分の問題，企業買収の懸念といったデメリットも指摘されている。

③ 郵便局の保険

　郵便局の保険は国営の簡易保険としてはじまり，平成19（2007）年の郵政民営化によって現在は株式会社形態の「かんぽ生命」となっている。この経緯を概観することにする。

　わが国の簡易保険は大正5（1916）年に国営保険として創設された。簡易保険創設の背景は，当時の民間生命保険会社が主として中流階級以上の人々を対象としていたことから，民間生命保険の対象にならない低所得者層を対象とした保障の必要性が謳われるようになったことである。このような人たちを対象とするためには，低廉な保険料で簡単な手続きによる安全で強固な経営基盤のうえでの保険提供が必要であったために，国営保険という形態に落ち着いたのである。国営保険ならば基礎は強固であり，非営利であることから保険料の低廉化も可能であり，また，販売チャネルとして郵便局を利用することで，コストをかけずに全国規模の販売網を確保することができたのである。

　このように，そもそも簡易保険は民間生命保険の対象にならない低所得者層を対象とした，小口・無審査保険として始まったのである。簡易保険創設に際しては，民間生命保険会社に対する「民業圧迫」につながることが懸念されたが，簡易保険は民間生命保険の対象とならない人たちを対象とするものであるから，むしろ「民業補完」であるとの説明が

なされ，創設に至ったという経緯がある。しかし，ここで低所得者層という曖昧な範囲を対象としたことで，後に民間生命保険会社との間で競合問題が生じることになる。民間生命保険会社との競合とは，具体的には簡易保険の度重なる加入限度額の引き上げと取扱商品範囲の拡大であり，これをめぐって官民論争が展開されることになる。

　民間生命保険会社は簡易保険の民業補完の逸脱を指摘し，これに対して簡易保険は経済状況の向上を背景とした消費者ニーズを盾にして譲らず，論争が咬み合わない水掛け論が長く続いた。こうしたなかで，簡易保険を国営保険として存続させることの是非が問われるようになり，簡易保険を含む郵政三事業の民営化問題が俎上にのぼるようになったのである。

　民間生命保険会社が最も不満に思っていたことは，簡易保険が国営という絶対的信用を背景として，さまざまな特典のもとで保険募集をしているところであった。そこで，税負担の不要など簡易保険が享受してきた特典を廃して，民間生命保険会社と同じ条件で保険市場に参入すべきとの主張がなされた。簡易保険を含む郵政民営化問題は中央省庁再編時の重要項目のひとつであったが，結果的には民営化は一旦先送りされ，郵政公社化で決着し，平成15（2003）年4月1日に日本郵政公社が誕生した。しかし，日本郵政公社発足後もその実態は国営時代とほとんどかわらず，郵政民営化問題が再燃することになる。

　平成16（2004）年9月10日に，将来的には郵政事業を民営・分社化しようという，郵政民営化の基本方針が閣議決定されるに至り，この方針を受けて，平成17（2005）年10月14日に郵政民営化法が成立し，平成18（2006）年4月1日施行，平成19（2007）年10月1日から民営化が開始された。当初，郵政事業は持株会社である「日本郵政株式会

社」のもとで，「郵便事業株式会社（＝郵便・物流業）」，「郵便局株式会社（＝郵便局窓口業）」，「株式会社ゆうちょ銀行（＝銀行業）」，「株式会社かんぽ生命（＝生命保険業）」の4社体制に分社化されたが，その後，郵政民営化法が一部改正され，平成24（2012）年10月1日から郵便事業株式会社と郵便局株式会社が統合され「日本郵便株式会社」として再編され，以後3社体制となった。

4 共　　済

　共済の特徴を一般的に定義すれば，「他の主たる事業の遂行に関連して付随的意義を有するもので，限定的な加入者間における相互扶助を目的とするもの」ということができる。各種共済事業は協同組合を母体とした組合保険に属するものである。なお，保険といわずに共済と称しているのは，わが国の保険業法で認められている保険事業の企業形態が株式会社か相互会社に限られているので，保険という言葉が使えないためである。わが国における共済事業としては，JA共済，こくみん共済（全労済），県民共済，CO-OP共済などをあげることができるが，ここでは最も積極的に共済事業を展開してきたJA共済の特徴をみていくことにする。

　JA共済は昭和22（1947）年に農業協同組合法により法制化されたものであるが，その本来的な目的は民間保険会社の補償（保障）にあずかれない農家の諸リスクを協同組合によって補償（保障）するところにある。当初，共済事業は同法において「農業上の災害又はその他の災害の共済に関する施設」と定義されていたが，昭和29（1954）年に共済事業の定義から「災害」の文言がはずれて「共済に関する施設」となった

ことから，生命共済も取り扱えることになったのである。JA共済は生損保兼営を特徴としており，代表的な商品としては，建物更生共済・自賠責共済・自動車共済・生命共済・年金共済などがあり，民間生損保会社の取扱商品と同等の機能を果たしている。

JA共済は，その本来的趣旨からすれば，原則として各種共済を利用できるのはJAの組合員とその家族だけである。しかし，現状では，各種共済種目ごとに2割を限度に非組合員の利用が認められている。また，出資金を拠出して准組合員の資格を得れば，誰でも利用できるようになっており，実質的に民間保険会社と同様に不特定多数を対象とした補償（保障）の提供がおこなわれている。

なお，かつての無認可共済については，これを少額短期保険業者として，保険業法上の保険業に含め規制の対象とする改正保険業法が，平成18（2006）年4月1日より施行された。

5 社 会 保 険

社会保険は，「生活の保障・生活の安定」，「個人の自立支援」，「家庭機能の支援」といった社会保障の目的を遂行するための制度のひとつであり，対象者全員を強制加入とし，財源も原則として加入者の負担とするものである。わが国の社会保障制度は，社会保険，社会福祉，公的扶助，保健医療・公衆衛生の四つの分野から成り立っている。社会保険も保険であるので，その技術的仕組みに確率論の応用があることなどは民間保険と同様であるが，保険料の徴収方法に大きな違いがある。これは社会保険が民間保険とは異なる理念の上に成り立っていることに由来している。

図表8－2　社会保障制度の概要

社会保険	医療保険，労働者災害補償保険，雇用保険，介護保険，年金保険
社会福祉	養護老人ホーム，高齢者生活支援，老人クラブ活動，介護サービス利用者支援，児童福祉，保育所運営など
公的扶助	生活扶助，住宅扶助，教育扶助，医療扶助，出産扶助，葬祭扶助，生業扶助など
保健医療・公衆衛生	結核予防，感染症対策，上下水道整備，廃棄物処理など

　民間保険において徴収される保険料はその算出においてリスクの大きさが影響するものであるが，このことは合理的な根拠に基づいて保険契約者間の公平性が保たれていることを意味している。しかし，その一方で，保険料負担が高額になり負担に耐えられない場合は，保険利用を諦めざるを得ない。これに対して，社会保険の場合はすべての人に適切な保障機会を提供する事が目的であるので，保険料支払能力の乏しい場合は支払能力の範囲内での保険料徴収となる。このように，社会保険の場合は必ずしもリスクの大きさに見合った保険料徴収がなされているわけではないので，社会保険全体の収支を考えた場合は財源不足が生じることになる。では，不足分は誰が負担するのかといえば，高所得者が一部肩代わりをして支払うことになる。すなわち，社会保険においては，リスクの大きさではなく所得の大きさに比例した保険料徴収になっているのである。あるいは，公的年金制度にみられるように，生産年齢人口が負担した年金保険料が，同時代の老齢人口に年金として支払われるという，世代間扶養というかたちを取っているのである。

　民間保険の場合は，自分が保有しているリスクの大きさに見合う保険料徴収がなされているという意味において，支払った金額については納

得いくものであるが，社会保険の場合は自分が支払っている金額に合理的根拠が見出せない。ここに，社会保険を強制加入にせざるを得ない理由が存在している。もしも，社会保険を任意加入にすれば，自分の保有しているリスクにくらべて徴収される保険料が高額であると感じたグループは社会保険から脱退し，たちまち社会保険は財政難に陥るであろうからである。この「逆選択」を防止するために，強制加入というかたちがとられているのである。

＜参考文献＞

田中周二編『生保の株式会社化』，東洋経済新報社，2002年。

田村祐一郎『社会と保険』，千倉書房，1990年。

林　裕『家計保険論　改訂版』，税務経理協会，2011年。

三上義夫『農協共済の理論と実務』，全国共同出版株式会社，1982年。

水島一也『近代保険論』，千倉書房，1961年。

山口修編『創業75年　簡易保険事業史稿』，簡易保険加入者協会，1991年。

第9章

保険商品

❶ 損害保険商品

損害保険を大別すれば，企業保険と家計保険に分類される。これは保険料の源泉にもとづく分類であり，保険料が資本循環との関わりから生じているものを企業保険，家計所得から支払われているものを家計保険という。わが国の損害保険は企業保険を中心として発展してきたが，消費者ニーズの変化もあって，保険種目別構成比で見ると，今日では家計保険の割合が大きくなっている。

損害保険は14世紀末にイタリアで誕生した海上保険にはじまり，17世紀にロンドン大火を契機として誕生した火災保険がつづき，新しいリスクが登場すると，その後を追うかたちで次々と新しい商品が誕生してきた。俗に「リスクあるところに損害保険あり」といわれるように，その種類は多様化している。このように，損害保険の種類は極めて多岐にわたるので，本章では主要な損害保険商品を列挙して，これに簡潔な説明を加えることで，損害保険商品を概観することとしたい。

(1) 海 上 保 険

海上保険は財産損害のみならず，海上リスクによって被った船舶および積荷の損害を幅広く補償している。ここでいう海上リスクとは，沈没，転覆，座礁，座州，火災，衝突のことである。海上保険は船舶保険と貨物海上保険に分類され，貨物海上保険はさらに外航貨物海上保険と内航貨物海上保険に分類される。

船舶保険はあらゆる船舶を保険の目的とし，その補償範囲は，全損，

修繕費，共同海損分担額，衝突損害賠償金，損害防止費用であり，これらの補償の組み合わせにより，第1種から第6種までの特別保険約款によって分類される。

　貨物海上保険は海上輸送される商品その他の貨物を保険の目的とし，その補償対象となる事故は，外航貨物海上保険においては，火災・爆発，船舶または艀の沈没・転覆・座礁・座州，陸上輸送用具の転覆・脱線・衝突，船舶または艀への荷積み・荷卸中の一梱包ごとの全損，輸送用具・保管場所への水の浸入，地震・噴火・雷，雨・雪等による濡れ，破損・まがり損・へこみ損・擦損・かぎ損，盗難・抜荷・不着，外的要因による漏出・不足，共同海損・救助料，投荷，波ざらいなどである。これらの危険に対する補償の組み合わせにより，ICC（A），ICC（B），ICC（C）の3つの基本条件に分類される。

　内航貨物海上保険は，あらゆる事故を補償するオールリスク担保と，火災・爆発，船舶の沈没・転覆・座礁・座州，陸上輸送用具の転覆・脱線・衝突，航空機の墜落・不時着，共同海損などの特別危険担保の2条件に分類される。

(2)　運 送 保 険

　日本国内を陸上（河川・湖沼を含む）・航空輸送される貨物，ならびに輸送に伴う保管中における貨物が被るさまざまな事故による損害を補償する。運送保険の対象となる貨物は，商品貨物（機械類・繊維品・雑貨・生鮮食料品など），同一工場の各工場間を輸送される製品・半製品，個人の荷物，生動物（牛・豚・馬・活魚など），貨幣・紙幣・有価証券類などである。

補償の対象となる事故とは，火災・爆発，輸送用具の衝突・転覆・脱線・墜落・不時着・沈没・座礁・座州，盗難・不着，破損・まがり損・へこみ損・擦損・かぎ損，雨・雪などによる濡れなどである。

(3)　火 災 保 険

火災保険はその名のとおり元々は建物と収容動産（家財・商品等）が火災によって被った損害を補償する保険であったが，さまざまなリスクに対する幅広いニーズに対応するために，今日では担保範囲が拡大され，直接損害（物的損害）のみならず間接損害（費用損害）まで補償されるようになっている。

建物ならびに収容動産を補償する主な火災保険としては，普通火災保険・店舗総合保険・住宅火災保険・住宅総合保険・団地保険などがあるが，ここでは住宅総合保険を例にあげて補償内容を概観することにする。

住宅総合保険において補償される直接損害とは，火災（失火・もらい火・消火活動による水濡れも含む），落雷，破裂・爆発，風災・雹災・雪災，建物外部からの物体の落下・飛来・衝突・倒壊，水濡れ，騒擾・労働争議などによる暴行・破壊，盗難，水害，持ち出し家財の損害である。

一方，間接損害とは，臨時費用，残存物取片付費用，失火見舞費用，傷害費用，地震火災費用（地震火災による費用損害の補償として火災保険の保険金額の5％，ただし上限300万円），損害防止費用である。

(4)　地 震 保 険

火災保険普通保険約款においては，地震・噴火・津波による建物・家

財の損害は免責となっている。地震保険は昭和39（1964）年の新潟地震を契機として昭和41（1966）年に創設されたものである。創設以来，幾多の改正を経て，現在の地震保険は火災保険に原則自動付帯となっており，中途付帯も可能となっている。

地震保険は火災保険の保険金額の30％〜50％の範囲で付帯され，支払われる保険金は，地震保険の保険金額に対して，全損100％，大半損60％，小半損30％，一部損5％である。なお，契約できる保険金額の上限は，建物5,000万円，家財1,000万円である。

(5) 自動車損害賠償責任保険

自動車損害賠償責任保険は，昭和30（1955）年に公布された自動車損害賠償保障法に基づいて創設された，無過失責任主義の導入，強制保険化，ノーロス・ノープロフィットの原則，一律の保険料負担を特徴とする自動車保険である。

自動車損害賠償責任保険は他人に対する人身事故を補償する対人賠償保険であり，支払われる保険金は死亡3,000万円，後遺障害4,000万円，傷害120万円をそれぞれ上限としている。

なお，無保険車による事故や加害車両が特定できない場合は，自動車損害賠償保障事業（政府の保障事業）から，自動車損害賠償責任保険に準じた補償を受けることができる。

(6) 任意の自動車保険

自動車損害賠償責任保険は公道を走るすべての自動車・バイクを対象

とした強制加入の自動車保険であるが，保険金額の問題と補償範囲の問題から，任意の自動車保険も必要とされている。保険金額の問題とは，高額化する賠償金に対応できないという問題であり，補償範囲の問題とは多様化する事故形態に対応できないという問題である。

　任意の自動車保険の補償範囲は，対人賠償保険，対物賠償保険，自損事故保険，搭乗者傷害保険，無保険車傷害保険，人身傷害補償保険，車両保険と多岐にわたっている。なお，任意の自動車保険の保険料は等級別料率制度に基づくもので，契約の際には年齢条件の設定もある。

(7)　自転車保険

　自転車保険は被害者に対する損害賠償（相手にケガをさせた場合・相手の財物を破壊した場合など）と，被保険者本人の死亡・後遺障害・入院・手術・通院を補償するものである。近年，自転車事故に対する賠償金の高額化を受けてニーズが高まっている。

(8)　傷害保険

　傷害保険は被保険者が「急激かつ偶然な外来の事故」によって身体に傷害を被り，その直接の結果としての死亡・後遺障害・入院・手術・通院を補償の対象とするものである。支払われる保険金は契約時に定めた日額を基準として算出される。ただし，海外旅行傷害保険の治療費用保険金は海外の医療事情を考慮して治療費用の実費が支払われる。

　なお，傷害保険は疾病を補償の対象から除外しているが，傷害と疾病が連続して発生して死亡した場合は，傷害と疾病の間の因果関係の有無

が，死亡保険金支払いの条件となる。

⑼　賠償責任保険

　賠償責任保険の特徴は，保険契約の当事者である保険者と保険契約者または被保険者の他に，保険契約者とは直接関係のない被害者たる第三者の存在が前提とされていることである。すなわち，賠償責任保険においては，保険契約関係と法律上の損害賠償責任関係が併存しており，加害者たる被保険者が損害賠償責任を履行するにあたって被る損害（財産の減少）を補償するという関係になっている。なお，賠償責任保険は保険契約締結時に損害額を想定することが困難なこと（保険価額が存在しない）から，保険者が支払う保険金の最高限度額を定める塡補限度額方式がとられている。

　賠償責任保険は，その補償対象から，企業向け賠償責任保険（施設所有管理者賠償責任保険，昇降機賠償責任保険，生産物賠償責任保険，油濁賠償責任保険，環境汚染賠償責任保険など），専門職業人向け賠償責任保険（医師賠償責任保険，薬剤師賠償責任保険，弁護士賠償責任保険，公認会計士賠償責任保険，税理士賠償責任保険など），個人向け賠償責任保険（個人賠償責任保険，ゴルファー保険，テニス保険，ハンター保険，スキー・スケート保険など）に分類される。

⑽　動産総合保険

　他の保険商品によって補償される動産（船舶，自動車，航空機など）を除く，移動性のあるすべての動産が保険の目的となる。法人の場合は商

品・在庫品，現金・小切手，営業用什器・備品，美術品などが，個人の場合はカメラ，楽器，絵画などが対象となる。戦争・地震・原子力・自然の消耗などの免責リスクを除く，オールリスク担保の保険であって，対象動産の保管中・使用中・輸送中を問わず補償される。

　動産の種類により，特定動産契約（保険の目的となる動産を特定する契約），商品・在庫品包括契約（流通過程にある商品・製品の保管中・輸送中のリスクを包括的に補償する契約），展示契約（展示会・展覧会等への出品物を補償する契約）などの契約方式がある。支払われる保険金は損害保険金に加えて，臨時費用保険金・残存物取片付費用保険金などの費用保険金が支払われる。

⑾　信用・保証保険

　信用保険と保証保険の区分は引き受け方法の相違によって行われている。信用保険は債権者が保険契約者・被保険者となって，債務者の債務不履行によって生じた損害が補償されるものであり，保証保険は債務者が保険契約者となって，債権者を被保険者として，債務者の債務不履行によって生じた債権者の損害を補償するものである。すなわち，信用保険契約の当事者は債権者（保険契約者・被保険者）と保険会社であり，債務者と保険会社との間には直接の保険契約関係がないのに対して，保証保険契約の当事者は債務者（保険契約者）と債権者（被保険者）と保険会社となる。

　信用保険の種類としては，身元信用保険・取引信用保険・住宅資金貸付保険などがあり，保証保険の種類としては，入札・履行保証保険，住宅ローン保証保険などがある。

⑿　費用・利益保険

　費用・利益保険は偶然事故の発生によって，臨時費用の支出を余儀なくされた場合や利益の喪失によって被った損害を補償するものである。すなわち，事業の操業中断中も事業を継続するために必要な費用（従業員の給与など）や早期復旧のために必要な費用，事故に遭わなかったとしたら得られたであろうと思われる営業利益の喪失が補償されるのである。

　費用・利益保険の範疇に属する代表的な商品としては，興行中止保険，天候保険，医療費用保険，介護費用保険，知的財産権訴訟費用保険，ネットワーク中断保険などがある。

⒀　盗 難 保 険

　特定の場所内に収容されている動産が，窃盗や強盗による盗取・毀損・汚損によって被った損害が補償されるが，貨幣・有価証券・貴金属・宝石・美術品などは特約によらなければ補償されない。なお，クレジットカード盗難保険では，保険の目的であるクレジットカードの盗取・詐取・横領または紛失により，他人によって不正使用されたことによって被った損害が補償される。盗難保険は，住宅総合保険・店舗総合保険・動産総合保険にも付帯されている。

⒁　ガラス保険

　ガラス保険では，ショーウインド・ショーケース・ドアガラス・引戸

ガラス・鏡ガラス・装飾ガラス・ステンドグラスなどが，偶然事故によって被った損害が補償対象となる。

　補償範囲は，ガラス自体の損害（全部破壊・一部破壊・亀裂），取付費用，文字入れ費用，損害防止費用などである。

⒂　機 械 保 険

　機械保険は稼働可能な状態にある機械，機械設備・装置に生じた偶然事故による損害に対する復旧修理費用を補償するものである。補償の対象となる損害は，従業員または第三者の運転・取扱上の過失，設計・製造・材質・工場製作・組立作業の欠陥，高速回転を伴う機械の破壊，ボイラの低水位による事故（空焚き），凍結事故，落雷事故，他物の衝突・落下事故などである。

　支払われる保険金は損害保険金に加えて，臨時費用保険金，残存物取片付費用保険金が支払われる。

⒃　組 立 保 険

　機械・設備・装置などの据付工事中，組立工事中の偶然事故による損害を補償するものである。対象となる物件は，個別物件（ポンプ，エレベーター，エスカレーター，エンジン，コンプレッサー，モーターなど単体の機械，機械設備・装置），ユニット物件（電気設備・空調設備など複数の機械，機械設備・装置がひとつの機能にまとめられた設備・装置），プラント物件（石油化学工場などのプラント建設工事）に分類される。

　組立工事においては工事関係者が広範にわたるため，発注者，請負人，

機械・装置のメーカー，機器供給者などのすべての工事関係者が被保険者に含められる。戦争・地震・原子力・自然の消耗などの免責リスクを除いて，オールリスク担保の保険である。

⒄　建設工事保険

　ビル・工場・事務所・マンション・住宅などの建設工事現場において，偶然事故によって被った損害を補償する，オールリスク担保の保険であり，工事の着工から引渡までを保険期間とする。工事の対象物・工事用の材料・工事用の仮設物を対象とするが，解体・撤去・分解・取片付け工事は対象外である。

　火災，爆発，落雷，風災，水災，土砂崩れ，盗難，航空機の落下，車両の衝突，設計・施工・材質・制作の欠陥による損害に対して保険金が支払われる。支払われる保険金は損害保険金に加えて，臨時費用保険金，残存物取片付費用保険金，損害防止費用保険金が支払われる。

⒅　土木工事保険

　トンネル工事，ダム工事，上下水道工事，道路工事などの土木工事全般を対象とした，オールリスク担保の保険である。土木工事は，たとえばトンネル工事のように，本来安定した自然状況を人為的に工事によって不安定な状況にした中で事故が起こるという特性を持っている。

　対象となるのは，本工事・仮設工事・工事用材料・工事用仮設材・現場事務所・宿舎・倉庫・その他の仮設建物である。保険金支払いの対象は建設工事保険のそれと同様であり，損害発生直前の状態に復旧するた

めに必要な費用が保険金として支払われる。

⒆　ボイラ・ターボセット保険

ボイラ・ターボセット保険は，ボイラ・圧力容器・ターボセットに生じた損害を補償する保険である。ボイラ保険では，自爆物件と呼ばれる，ボイラ，圧力容器，圧力配管の破裂・圧潰・膨出・爆発・亀裂によって生じた損害に対して保険金が支払われる。

一方，ターボセット保険では，ボイラ保険と同様，自爆物件と呼ばれる，ターボセット（蒸気タービン発電設備），スチーム・エンジン，ディーゼル・エンジンの破裂・破壊・過熱によって生じた損害に対して保険金が支払われる。

⒇　航 空 保 険

航空保険は，航空機・航空貨物・空港施設・人工衛星などを対象とし，機体の物的損害や乗客ならびに機外の第三者に対する損害賠償など，幅広くリスクを補償する。航空保険の種類には，機体保険，乗客賠償責任保険，第三者賠償責任保険，空港所有・管理者賠償責任保険，航空機装備品・予備部品保険，航空貨物賠償責任保険，グライダー保険，飛行船保険，人工衛星保険などがある。

ひとたび航空機事故が発生すれば，その損害額は巨額にのぼるので，昭和27（1952）年に日本航空保険プールが設立され，加盟元受保険者が引き受けた航空保険は，プールに提供することが義務づけられており，プールメンバーに再配分される仕組みになっている。

㉑　原子力保険

原子力リスクに関しては，一事故あたりの損害額が巨額になることに加えて，疾病の後発性など放射能の及ぼす影響が十分に解明されていないという特殊性を持っている。原子力保険は，昭和35（1960）年に設立された日本原子力保険プールが，元受および再保険の処理を行っている。日本原子力保険プールによって引き受けられた原子力保険は，プールメンバーの責任負担額に応じて割り当てられる。

原子力保険は原子力損害賠償責任保険と原子力財産保険に分類される。原子力損害賠償責任保険はさらに，原子力施設賠償責任保険・原子力輸送賠償責任保険・原子力船運航者賠償責任保険に分類される。一方，原子力財産保険は原子力発電所などの建物自体の損害を補償する保険である。

㉒　積立型損害保険

積立型損害保険は偶然事故発生の際に保険金が支払われるのは掛け捨て型損害保険と同様であるが，この保険の特徴は無事故だった場合に支払った保険料の一部に利子が付いて戻ってくるところにある。積立型損害保険誕生の契機は昭和38（1963）年の保険審議会答申において，「事故のなかった場合には何らかの還付金の支払があるという方式が，日本におけるある層の火災保険契約者の気持ちに合うという面もある」との提唱がなされたことに依る。

積立型損害保険は純保険料と付加保険料に積立保険料が加算され，この積立保険料が無事故の場合に支払われる満期返戻金の財源になるとい

う仕組みである。積立型損害保険は，保険理論よりも「掛け捨ては嫌だ」という消費者ニーズを反映させた，日本オリジナルの損害保険である。

2　生命保険商品

わが国の生命保険を商品面からみてみると，明治時代の創業期の一時期，終身保険が販売の中核に据えられていた時期があるが，明治後期からは養老保険が中核的な地位を占め，わが国で生命保険といえば養老保険といわれるくらい，養老保険の時代が昭和の半ばまで続き，その後，養老保険を定期保険で補強した定期付養老保険の隆盛期を迎えることとなる。

その後の商品構成の変化に影響を与えたのが高齢化社会の進展である。長寿社会を迎えた生命保険市場においては「長生きのリスク」への認識が高まり，養老保険へのニーズが相対的に減少していく中で，一生涯保障を謳った終身保険，特に定期付終身保険と，老後の生活資金確保の目的で個人年金保険のニーズが伸展することとなる。さらに外資系保険会社の進出により，がん保険，医療保険，生前給付型生命保険（特定疾病保障保険・リビングニーズ特約）が注目されることとなる。

先の損害保険同様，多様化する生命保険を主要な生命保険商品を列挙して，これに簡潔な説明を加えることで概観することとしたい。

(1)　死亡保険

死亡保険の代表的な商品が，定期保険・終身保険・定期付終身保険で

ある。定期保険は保険期間が一定期間に限られ，保険期間内に被保険者が死亡した場合に死亡保険金が支払われる商品である。保険期間満了時の満期保険金はない。定期保険には保険金額が保険期間中一定の定額型のほかに，一定割合で増加する逓増型や，一定割合で減少する逓減型，さらには被保険者が一定期間経過ごとに生存していることを条件に給付金が支払われる生存給付金付定期保険がある。

次に終身保険であるが，この商品は定期保険が一定期間のみの保障であるのに対して，一生涯保障が続くというものであり，保障切れの心配がない。保険料の払込方法には有期型と終身型の2通りがある。定期付終身保険は終身保険の前半部分に定期保険を上乗せした商品であり，偶然事故の発生によって生じる経済的負担が大きくなる人生の前半部分の保障を充実させることを目的としたものである。

(2) 生存保険

死亡保険とは反対に貯蓄要素を重視したものが生存保険である。代表的な商品として貯蓄保険とこども保険がある。貯蓄保険は比較的短期契約のものが多く，満期まで生存していることを条件として満期保険金が支払われるという商品である。生命保険なので死亡保険金もついているが，満期保険金と同額かあるいはそれ以上の死亡保険金が支払われるのは災害および法定伝染病による死亡の場合であり，その他の死亡については死亡時までに支払われていた保険料に見合う死亡給付金が支払われる。

次に，こども保険とはこどもの学齢期にあわせて祝金が支払われ，さらに保険期間満了時には満期保険金が支払われるという商品である。な

お，保険期間中に保険契約者である親が死亡した場合は以後の保険料支払は不要となり，保障は保険期間満了時まで続く。また，保険期間中に被保険者であるこどもが死亡した場合は死亡給付金が支払われる。

(3)　生死混合保険

　死亡保険と生存保険の合体型とでもいうものが生死混合保険であり，養老保険と定期付養老保険が代表的な商品である。養老保険は保険期間中の死亡に対しては死亡保険金が，保険期間満了時の生存に対しては満期保険金が支払われることから，保障と貯蓄を同時に手にすることができる。

　この養老保険に定期保険を上乗せしたものが定期付養老保険であり，養老保険の死亡保障部分を大きく設計した商品である。

(4)　医　療　保　険

　民間医療保険は公的医療保険の補完的役割を果たしている。公的医療保険は原則自己負担３割で医療行為を受けることができるが，それでも医療費が高額になる疾病もあり，また，公的医療保険の対象にならない差額ベッド代の負担などもあるからである。標準的な民間医療保険の保障内容は，災害入院給付金・疾病入院給付金・手術給付金・死亡保険金である。なお，先進医療特約によって先進医療の技術料も支払われるようになっている。

　医療保険の中で，がんに特化した医療保険が，がん保険である。がん保険では上記の保障内容に加えて，がんと確定診断された場合に支払わ

れる，がん診断給付金がついている。なお，がんはごく早期の場合は自
覚症状がないことから，契約の公平性を維持するために90日免責制度
が設けられており，契約締結から90日以内の発症に対しては保険金は
支払われない。その場合，契約は解除され，保険料が返還される。

　さらに，がん保険には指定代理請求制度が設けられている。これは，
被保険者本人に特別の事情（治療上の都合によって余命宣告を受けていない
場合など）がある場合，保険契約者があらかじめ指定した指定代理請求
人（被保険者の戸籍上の配偶者や直系血族など）が被保険者に代わって保険
金を請求できるという制度である。

(5)　生前給付型生命保険

　「生きるための保険」として注目されるようになったものが生前給付
型生命保険である。代表的な商品には，特定疾病保障保険とリビング
ニーズ特約がある。特定疾病保障保険は，がん・急性心筋梗塞・脳卒中
といった特定の疾病により所定の状態になったときに，被保険者の生前
に死亡保険金相当額が支払われるという商品である。所定の状態とは，
がんについては医師により確定診断された場合であり，急性心筋梗塞と
脳卒中については医師の診断を受けた日から60日以上障害状態が続い
た場合である。

　また，リビングニーズ特約は「余命6ヶ月保険」ともいわれ，疾病・
傷害を問わず，余命6ヶ月以内と診断されたときに，被保険者の生前に
死亡保険金相当額が支払われるという商品である。特定疾病保障保険も
リビングニーズ特約も高額の医療費負担に対するニーズを反映したもの
であるが，リビングニーズ特約に関しては，余命幾ばくもない被保険者

の人生最後の思い出づくりのための経済支援的な要素（終末期保障としての役割）も含まれている。

(6)　介 護 保 険

寝たきり・認知症による要介護状態に関する保障については，40歳以上が全員加入している公的介護保険から提供されている。公的介護保険は1割の自己負担で在宅サービスや施設サービスが受けられるというものであるが，公的介護保険の給付上限を超えるサービスや，公的介護保険の給付対象とならないサービス，40歳未満の要介護者は保障の対象外となる。

民間介護保険は公的介護保険の補完を目的としたもので，契約方法としては主契約での契約，特約での付加，終身保険の保険料払込終了後の移行などがある。保険契約に定める所定の要介護状態になった場合，保険金を一時金（介護一時金）・年金（介護年金）・一時金と年金の併用のいずれかの方法で受け取ることができる。

(7)　個人年金保険

個人年金保険は公的年金に対する不安を背景として，そのニーズが高まってきたものである。公的年金に対する不安とは少子高齢化の進展による財源問題と給付金額の問題である。公的年金は生産年齢人口が年金の財源を負担し，同世代の老齢人口がそれを年金として受け取る仕組みなので，少子化による生産年齢人口の縮小と高齢化による老齢人口の拡大が不安要因となるのである。

公的年金とは異なり，個人年金保険は年金の財源となる保険料をあらかじめ支払っておき，一定の年齢に達した時点でそれを自ら年金として受け取る仕組みなので，老後の生活資金を計画的に確保することができるのである。個人年金保険は年金の支払期間と支払条件によって確定年金・有期年金・終身年金に分類される。

　確定年金は年金の支払期間が一定期間であり，被保険者の生死に関わりなく支払期間中は年金が支払われる。有期年金は年金の支払期間が一定期間であるところは確定年金と同様であるが，年金の支払い条件が被保険者の生存であるので，支払期間中に被保険者が死亡した場合は年金の支払いは打ち切りとなる。終身年金は年金の支払期間が終身であり，被保険者が生存している限り年金が支払われる。なお，有期年金と終身年金においては，年金支払が開始された後，被保険者が早期に死亡した場合，支払保険料総額と受取年金総額との間に著しい不均衡が生じるおそれがあるので，年金支払開始時から一定期間は保証期間が設定されている。保証期間中は被保険者の生死に関わりなく年金が支払われるという措置がとられている。

(8)　変額保険・変額年金

　生命保険は本来，定額保険を基本としているが，変額保険は保険期間中あるいは保険期間満了時に受け取る保険金が，資産運用実績によって変動するという商品である。変額保険の保険料は，安全性に留意している定額保険の一般勘定とは切り離されて，特別勘定において収益性を重視して有価証券を中心とした積極的な運用が行われる。運用実績は直接保険金に反映されるので，運用実績に応じて保険金が増減するというわ

けである。資産運用に関わるリスクは保険契約者に帰属するので，ハイリスク・ハイリターン商品ともよばれている。

変額保険には養老保険タイプの有期型変額保険と，終身保険タイプの終身型変額保険がある。有期型変額保険は保険期間中の死亡については死亡保険金が，保険期間満了時まで生存していた場合は満期保険金が支払われる。死亡保険金については契約時に定められた基本保険金が最低保証されるが，満期保険金には最低保証はなく，運用実績次第では元本割れもあり得る。一方，終身型変額保険は死亡保障が一生涯続くというもので，支払われる死亡保険金には最低保証がついている。

変額保険同様，資産運用実績によって将来受け取る年金の原資が変動するのが変額年金である。変額保険同様，資産運用に関わるリスクは保険契約者に帰属する。変額保険も変額年金もインフレ対策商品であり，インフレに弱いという定額保険の弱点をカバーするために，実質的貨幣価値を保全することが目的である。その意味において，変額保険は長期的な経済の動向に連動する商品なのである。

(9)　信用生命保険

信用生命保険は住宅ローンなどの債務者を被保険者として，債権者である信用供与機関（銀行など）が保険契約者・保険金受取人となる契約であり，未払債務額と保険金額が同一額となる特殊な生命保険である。

信用生命保険によって，被保険者の死亡・高度障害によって債務の返済が困難になったとしても，支払われる保険金でその債務が相殺されるので，残された家族が債務の返済に窮することを避けることができ，家族の生計の安定が得られることになる。なお，特約をつけることで，が

んや特定疾病を保障するものもある。

⑽ 団 体 保 険

　団体保険は勤労者の福利厚生を目的とした企業保障制度であり，いわば社会保険と個人保険の中間的な位置づけである。団体保険は保険会社と団体の代表者が，その団体の構成員を一括して被保険者として単一の契約でおこなうものである。一括募集・文書募集・画一的商品を特徴とするので，事務コストがかからず，個人保険に比べて低廉な保険料で契約することができる。

　団体保険はその契約方式が個人保険と異なっているが，商品内容は個人保険のそれと同様であり，団体定期保険・団体終身保険・団体養老保険・団体年金保険などが提供されている。

＜参考文献＞
木村榮一・野村修也・平澤敦編『損害保険論』，有斐閣，2006年。
東京海上火災保険株式会社編『損害保険実務講座7　新種保険（上）』，有斐閣，
　　1989年。
東京海上火災保険株式会社編『損害保険実務講座8　新種保険（下）』，有斐閣，
　　1984年。
馬場克三・後藤泰二『保険経済概論』，国元書房，1977年。
林　　裕『家計保険論　改訂版』，税務経理協会，2011年。
林　　裕『保険の基礎知識』，税務経理協会，2015年。

索　引

【さ行】

158

著者紹介

安田　嘉明（第 1 章，第 2 章，第 3 章）

　熊本学園大学商学部教授

　「金融論」担当

　（著　書）

　『グローバル化する九州・熊本の産業経済の自立と連携』（日本評論
社，2010年）

　第1部｜産業第8章「九州地域金融機関の現状と課題」担当

　『金融リスクと金融機関経営』（税務経理協会，1994年）

北島　孝博（第 4 章，第 5 章，第 6 章）

　熊本学園大学商学部准教授

　「証券論」担当

　（著　作）

　『危機時に着目した信用リスクモデルの比較分析－ハザードモデル
の予測精度－』（証券アナリストジャーナル，2018）

　『マーケットのデフォルト・リスクが新規株式公開市場におよぼす
影響』（証券経済研究，共著，2016）

林　　裕（第 7 章，第 8 章，第 9 章）

　熊本学園大学商学部教授

　「保険論」「リスクマネジメント」担当

　（著　書）

　『保険の基礎知識』（税務経理協会，2015年）

　『家計保険論　改訂版』（税務経理協会，2011年）

　『家計保険論』（税務経理協会，2007年）

　『家計保険と消費者意識』（税務経理協会，2003年）

著者との契約により検印省略

| 令和2年7月15日　初版第1刷発行 | 銀行・証券・保険の |
| 令和3年4月15日　初版第2刷発行 | 基礎知識 |

	安　田　嘉　明
著　者	北　島　孝　博
	林　　　　　裕
発行者	大　坪　克　行
製版所	税 経 印 刷 株 式 会 社
印刷所	有 限 会 社　山 吹 印 刷 所
製本所	牧 製 本 印 刷 株 式 会 社

発行所　〒161-0033 東京都新宿区　株式　税務経理協会
　　　　下落合2丁目5番13号　会社

振　替 00190-2-187408　電話 (03)3953-3301（編集部）
ＦＡＸ (03)3565-3391　　　(03)3953-3325（営業部）
URL http://www.zeikei.co.jp/
乱丁・落丁の場合は，お取替えいたします。

© 　安田嘉明・北島孝博・林　　裕 2020　　　Printed in Japan

本書の無断複製は著作権法上での例外を除き禁じられています。複製される場合は，そのつど事前に，出版者著作権管理機構（電話 03-5244-5088，FAX 03-5244-5089，e-mail：info@jcopy.or.jp）の許諾を得てください。

JCOPY ＜出版者著作権管理機構 委託出版物＞

ISBN978-4-419-06732-8　C3033